BIBLIA W PŁATKACH I FRYTKACH

Smażona książka kucharska z ponad 100 pysznymi przepisami na cieście i na frytki

Celina Kowalski

Wszelkie prawa zastrzeżone.
Zastrzeżenie

Informacje zawarte w i mają służyć jako obszerny zbiór strategii, na temat których autor tego eBooka przeprowadził badania. Streszczenia, strategie, wskazówki i triki są jedynie rekomendacjami autora, a przeczytanie tego eBooka nie gwarantuje, że czyjeś wyniki będą dokładnie odzwierciedlać wyniki autora. Autor eBooka dołożył wszelkich uzasadnionych starań, aby zapewnić aktualne i dokładne informacje dla czytelników eBooka. Autor i jego współpracownicy nie będą ponosić odpowiedzialności za jakiekolwiek niezamierzone błędy lub pominięcia, które mogą zostać znalezione. Materiał w eBooku może zawierać informacje pochodzące od osób trzecich. Materiały osób trzecich zawierają opinie wyrażone przez ich właścicieli. W związku z tym autor eBooka nie ponosi odpowiedzialności za jakiekolwiek materiały lub opinie osób trzecich.

eBook jest chroniony prawem autorskim © 2021 z wszelkimi prawami zastrzeżonymi. Redystrybucja, kopiowanie lub tworzenie prac pochodnych na podstawie tego eBooka w całości lub w części jest nielegalne. Żadna część tego raportu nie może być reprodukowana ani retransmitowana w jakiejkolwiek formie reprodukowanej lub retransmitowanej w jakiejkolwiek formie bez pisemnej wyraźnej i podpisanej zgody autora.

WPROWADZANIE 9
PŁATKI ZBOŻOWE, ORZECHOWE I NASIONOWE 11
   1.   Szybkie placki z brązowego ryżu 11
   2.   Placki kukurydziane 13

3. Placki z czarnego groszku 15
4. Placki ryżowe 17
5. Placki jagodowe/kukurydziane 19
6. Placki kukurydziane z sosem do maczania 21
7. Placki karnawałowe 23
8. Placki Garbanzo z salsą gruszkową 25
9. Placki z ciecierzycy z kuskusem 27
10. Placki kukurydziane i paprykowe 29
11. Placki Chanuka 31

PŁYTKI WARZYWNE 33

12. Placki Okra 33
13. Placki fasolowe 35
14. Placki ze słodkich ziemniaków z imbirem 37
15. Placki z bakłażana 39
16. Placki z karczochów 41
17. Rabarbarowe placki z boćwiny 43
18. Placki figowe 45
19. Mieszane warzywa z plackami z rzepy 47
20. Deserowe placki z cukinii 49
21. Placki z porów 51
22. Placki z soczewicy i Vinaigrette z buraków 53
23. Placki z bakłażana 55
24. Placki z marchwi curry 57
25. Smażone placki z groszku 59
26. Nadziewane placki ziemniaczane 61
27. Placki grzybowe 63

28. Cebulowe bhajiye / placki cebulowe 65
29. Pakora 67
30. Placki z pasternaku i marchwi 69
31. Frytki Pomme/Placuszki Patatynowe 71
32. Placki ziemniaczano-orzechowe 73
33. Placki dyniowe 75
34. Placki szpinakowe 77
35. Smażone w głębokim tłuszczu placki z tofu 79
36. Placki Pomidorowe 81

PŁYTKI OWOCOWE 83
37. Holenderskie placki jabłkowe 83
38. Placki jabłkowo-pomarańczowe 85
39. Placki bananowe w cieście tempura 87
40. Placki z morelami 89
41. Placki bananowe Benya 91
42. Placek z Langustyną i Bananem 93
43. Puszkowane placki brzoskwiniowe 95
44. Karaibskie placki ananasowe 97
45. Placki z czarnego bzu 99
46. Placki owocowo-warzywne 101
47. Placki owocowe z sosem cytrynowo-bourbonowym 103
48. Północne Szpiegowskie Placki Jabłkowe 105
49. Placki z Ananasem i Bananem 107
50. Gotowane placuszki gruszkowe 110
51. Placki z suma 112

52. Placki z dorsza 114
53. Placki z ryb i krabów 116
54. Małże z Małżami Cape Cod & Placki Ziemniaczane 118
55. Placki ze muszli 120
56. Małże w puszkach 122
57. Placki z kraba i awokado 124
58. Placki z langustą 126
59. Placki z małży 128
60. Indonezyjskie placki z krewetkami kukurydzianymi 130
61. Włoskie placki z dyni spaghetti 132
62. Placki z homarem 134
63. Placki z małży z salsą 136
64. Placki z ośmiornicy 138
65. Pasztet z krewetkami 140
66. Placki kukurydziane z ostrygami 142
67. Placki z tuńczyka 144

PŁYTKI SEROWE 146

68. Bazylejskie placki serowe 146
69. Placki ziołowe z sosem jogurtowo-morelowym 148
70. Placki Serowe Berneńskie 150
71. Placki z fasoli, kukurydzy i cheddaru 152
72. Mozzarella placki i spaghetti 154
73. Placki z Serem Ementalskim 156
74. Placki z mąki kukurydzianej i cheddaru 158
75. Placki Camembert 160

76. Placki kalafiorowo-cheddarowe 162
77. Placki Ziemniaczane Nadziewane Serem 164
78. Placki z gruszką i cheddarem 166
79. Placki z ricotty i kasztanów z bagna cauda 168
80. Placki serowe Waadtland... 170

MIĘSO I PŁATKI Z DROBIU 172

81. Placki Z Kurczaka 172
82. Placki wołowe z kawałkami mięsa 174
83. Placki jajeczne z fasolką szparagową i makaronem 176
84. Świeże placki kukurydziane i kiełbaski 178
85. Placki kukurydziane z hot dogami 180
86. Koreańskie placki mięsne 182
87. Placki z parmezanem i mozzarellą 184

PŁATKI DESEROWE 186

88. Placki z orzechami pekan w czekoladzie 186
89. Placki parzone 188
90. Świąteczne placki budyniowe 190
91. Placki cynamonowe 192
92. Placki francuskie 194
93. Placki klonowe 196
94. Placki z wiśniami rumowymi 198
95. Suwganiot 200
96. Placki z winem 202

JADALNE PŁATKI Z KWIATAMI 204

97. Placki z czarnego bzu podawane z musem z czarnego bzu 204
98. Placki z kwiatów mniszka lekarskiego 206

99. Placki z czarnego bzu 208
100. Placki z płatków róży 210
WNIOSEK 212

WPROWADZANIE

Z definicji placki to w zasadzie smażone potrawy podzielone na trzy kategorie:

- Smażone w głębokim tłuszczu ciasta z pasty Chou lub ciasta drożdżowego.

- Kawałki mięsa, owoców morza, warzyw lub owoców panierowane i smażone w głębokim tłuszczu.

- Małe ciasteczka z posiekanego jedzenia w cieście, takie jak placki kukurydziane.

Placki są niezwykle wszechstronnym pokarmem. Mogą być przystawką, przystawką, przekąską lub deserem. Zostały pierwotnie wprowadzone w Japonii w XVI wieku i stały się coraz bardziej popularne w tej dekadzie.

Podstawowe wskazówki na początek

1. Nie bój się oleju. Upewnij się, że dodasz wystarczająco dużo do patelni, ponieważ pomoże to nadać plackom chrupkości, dobrego koloru i pysznego smaku.

2. Niech skwierczy! Patelnia musi być odpowiednio podgrzana przed gotowaniem. Jeśli placek nie skwierczy, gdy trafi na patelnię, wiesz, że nie jest gotowy!

3. Nie przepełniaj patelni, ponieważ powoduje to spadek temperatury patelni, powodując wiotkie, niedogotowane placki.

Podstawowa formuła

Warzywa + Aromaty i Przyprawy + Ser + Środek Wiążący

PŁATKI ZBOŻOWE, ORZECHOWE I NASIONA

1. Szybkie placki z brązowego ryżu

Wydajność: 6 Porcji

Składnik

- 2 szklanki ugotowanego krótkoziarnistego brązowego ryżu
- ½ szklanki) cukru
- 3 jajka; bity
- ½ łyżeczki soli
- ¼ łyżeczki wanilii
- 6 łyżek mąki

- ½ łyżeczki gałki muszkatołowej
- 3 łyżeczki proszku do pieczenia

Połącz ryż, jajka, wanilię i gałkę muszkatołową i dobrze wymieszaj.

Przesiej suche składniki razem i wymieszaj z mieszanką ryżową. Wrzuć łyżkami do gorącego głębokiego tłuszczu (360) i smaż do zarumienienia.

Odsącz na bibule, posyp cukrem pudrem i podawać na gorąco

2. Placki kukurydziane

Wydajność: 4 Porcje

Składnik

- 10 uncji zielonego olbrzyma w stylu mrożonej śmietany
- Olej kukurydziany do smażenia na głębokim tłuszczu
- ½ szklanki mąki
- ½ szklanki żółtej mąki kukurydzianej
- 1 łyżeczka proszku do pieczenia
- 1 łyżeczka cebuli mielonej błyskawicznie
- ½ łyżeczki soli
- 2 jajka

Umieść nieotwartą torebkę kukurydzianą w ciepłej wodzie na 10 do 15 minut do rozmrożenia.

We frytownicy lub ciężkim rondlu rozgrzej 2 do 3 cali oleju do 375 stopni. W średniej misce połącz rozmrożoną kukurydzę i pozostałe składniki; mieszaj, aż dobrze się połączą.

Wrzuć ciasto równymi łyżkami stołowymi do gorącego oleju, 375 stopni.

Smaż 2-3 minuty lub do złotego koloru. Odsącz na ręczniku papierowym

3. Placki z groszku z czarnymi oczami

Wydajność: 20 Porcji

Składnik

- ½ funta groszku czarnookiego, namoczonego
- po 4 ząbki czosnku, zmiażdżone
- 2 łyżeczki soli
- 1 łyżeczka czarnego pieprzu
- 4 łyżki wody
- olej do smażenia

- Sok z limonki do smaku

Gdy groszek zmięknie, zetrzyj skórki i namocz jeszcze przez 30 minut.

Opróżnij i spłucz.

W robocie kuchennym zmiel groszek, czosnek, sól i pieprz

Dodaj wodę, kontynuując przetwarzanie. Dodaj tyle wody, aby uzyskać gładkie, gęste purée.

Rozgrzej piekarnik do 250F. Na dużej patelni rozgrzej 2 do 3 cali oleju i usmaż 1 tubę ciasta na złoty kolor. Powtarzaj, aż całe ciasto zostanie usmażone w ten sposób. Przechowywać w piekarniku, aby się nagrzać.
Podawaj na gorąco, posyp solą i sokiem z limonki.

4. Placki ryżowe

Wydajność: 12 Porcji

Składnik

- 1 opakowanie Suche drożdże
- 2 łyżki ciepłej wody
- 1½ szklanki ugotowanego ryżu; schłodzony
- 3 jajka; bity
- 1½ szklanki mąki
- ½ szklanki) cukru
- ½ łyżeczki soli

- ¼ łyżeczki gałki muszkatołowej
- Tłuszcz do smażenia
- Cukier cukierników

Drożdże rozpuścić w ciepłej wodzie. Wymieszaj z ryżem i odstaw na noc w ciepłym miejscu. Następnego dnia ubij jajka, mąkę, cukier, sól i gałkę muszkatołową.

W razie potrzeby dodaj więcej mąki, aby uzyskać gęste ciasto. Podgrzej tłuszcz do 370 stopni lub aż 1-calowa kostka chleba zrumieni się w 60 sekund. Wrzuć ciasto z łyżki stołowej do gorącego tłuszczu i smaż na złoty kolor, około 3 minut.

Odsącz na ręcznikach papierowych i posyp cukrem pudrem. Podawać na gorąco

5. Placki jagodowe/kukurydziane

Wydajność: 6 Porcji

Składnik

- ⅔ filiżanka mąki
- ⅓ szklanka mąki kukurydzianej
- 2 łyżki cukru
- 1 łyżeczka proszku do pieczenia
- ½ łyżeczki soli
- ¼ łyżki mielonej gałki muszkatołowej
- ⅓ filiżanka mleka
- 2 jajka, oddzielone

- Olej roślinny

- 1½ szklanki jagód

- Cukier Cukierniczy & Miód

W średniej misce wymieszaj mąkę, skrobię kukurydzianą, cukier, proszek do pieczenia, sól i gałkę muszkatołową.

W 2 szklankach miarki wymieszaj mleko, żółtka i olej. Wlać do mieszanki mąki. Dobrze wymieszaj. Ciasto będzie sztywne. Dodaj jagody. Odłożyć na bok.

W małej misce z mikserem na wysokim poziomie ubić białka na sztywną pianę. Za pomocą gumowej szpatułki delikatnie złóż połowę ubitych białek w cieście, aż dobrze się połączą. Następnie złóż pozostałe ubite białka w cieście,

Ostrożnie dodaj ciasto w cieście, po kilka łyżek stołowych, do gorącego oleju. Smaż 3-4 minuty, obracając raz, lub do momentu, gdy placki będą złocistobrązowe.

6. Placki kukurydziane z sosem do maczania

Wydajność: 8 Porcji

Składnik

- 2 duże jajka; bity
- ¾ filiżanka mleka
- 1 łyżeczka mielonego kminku 2 filiżanki mąki
- Sól i pieprz do smaku
- 2 szklanki ziaren kukurydzy
- 3 łyżki natki pietruszki; posiekany

Pikantny Sos Pomarańczowy

- ½ szklanki marmolady pomarańczowej
- 1⅜ szklanki świeżego soku pomarańczowego
- 1 łyżka imbiru; tarty
- ½ łyżeczki musztardy Dijon

W misce ubij jajka i mleko. W innej misce wymieszaj kminek z mąką. Doprawić solą i pieprzem

Mieszankę jajek ubić trzepaczką w mące. Dodaj kukurydzę i pietruszkę. Rozgrzej olej do 375° Wrzuć kukurydzianą mieszankę do gorącego tłuszczu bez zapychania patelni. Smażyć, obracając raz, na złoty kolor

Wyjmij i osusz na ręcznikach papierowych. Połącz składniki sosu i podawaj.

7. Placki karnawałowe

Wydajność: 18 Porcji

Składnik

- 1 szklanka gorącej wody
- 8 łyżek masła niesolonego
- 1 łyżka cukru
- ½ łyżeczki soli
- 1 szklanka mąki uniwersalnej, przesianej
- 4 jajka
- 1 łyżeczka świeżo startej skórki pomarańczowej

-
-
    1 łyżeczka świeżo startej skórki z cytryny

    4 szklanki oleju arachidowego

- Cukier cukierników

Połącz wodę, masło, cukier i sól w małym rondlu i zagotuj. Gdy masło się rozpuści, dodaj mąkę. Mieszaj energicznie trzepaczką

Dodawaj jajka pojedynczo, po każdym dodaniu energicznie ubijając łyżką. Dodaj starte skórki pomarańczy i cytryny.

Na głębokiej patelni podgrzej olej arachidowy do 300 ° F.

Wrzuć ciasto na łyżkę stołową do gorącego oleju, nie więcej niż 4 lub 5 na raz. Gdy placuszki zrumienią się i napuszą, wyjmij je łyżką cedzakową, odsącz na ręcznikach papierowych i posyp cukrem cukierniczym.

8. Placki Garbanzo z salsą gruszkową

Wydajność: 1 Porcja

Składnik

- 1½ szklanki ugotowanych garbanzo, odsączonych
- 1 łyżeczka soli
- 1 średni ziemniak z Idaho
- 1 mała cebula, grubo starta
- 1 łyżka mąki
-
-

-
-
  - 2 łyżeczki sosu paprykowego
  - 3 Białka jaj, lekko ubite
  - 2 włoskie pomidory śliwkowe
  - 2 twarde gruszki obrane, wydrążone i pokrojone w kostkę
- 1 łyżka świeżego soku z cytryny
- 6 dużych posiekanych szalotek
- 1 łyżka papryczek jalapeño
- 1 łyżka octu winnego Sherry
- 1 łyżeczka miodu

W średniej misce wymieszać ziemniaki, cebulę, mąkę i ostry sos paprykowy. Dobrze wymieszaj, aby zmiksować. Dodaj fasolę garbanzo i białka jajek i wymieszaj.

Wrzuć zaokrąglone łyżki ciasta na patelnię, aby miały miejsce na rozłożenie się. Gotuj na umiarkowanie dużym ogniu, aż zbrązowieją

Podawać z Salsą Zesty Gruszkową

9. Placki z ciecierzycy z kuskusem

Wydajność: 1 Porcja

Składnik

- 7 uncji kuskusu, gotowane
- ½ małego ogórka
- 2 Pomidory śliwkowe; (obrane, nasiona, pokrojone w kostkę)
- 1 limonka
- 6 zielonej cebuli; przycięte
-
-

-
  - 1 puszka (14 uncji) odsączonej ciecierzycy wypłukanej

    ½ łyżeczki kolendry lub kolendry i mięty

    1 czerwone chili; posiekany drobno posiekany

    1 ząbek czosnku
- Zwykła mąka do posypania
- 5 uncji jogurtu FF
- Sól i świeżo zmielony pieprz
- Papryka/Kminek do smaku

Wymieszać pomidory, pietruszkę z kuskusem. Limonkę przekroić na pół i wycisnąć sok. Dymkę drobno posiekać na kuskus.

Dodaj kminek, kolendrę/kolendrę, chili i liście kolendry/kolendry. Posiekaj ząbek czosnku i dodaj. Włóż ogórek do miski i wymieszaj z jogurtem, posiekaną miętą i dużą ilością przypraw. Dobrze wymieszaj

Uformować 6 placków z ciecierzycy i lekko oprószyć mąką. Dodaj na patelnię i gotuj przez kilka minut.

10. Placki kukurydziane i paprykowe

Wydajność: 12 placków

Składnik

- 1¼ szklanki kukurydzy, całe ziarno, świeże lub mrożone
- 1 szklanka czerwonej papryki; drobno posiekane
- 1 szklanka Scalions; drobno posiekane
- 1 łyżeczka Jalapeño; drobno zmielony
- 1 łyżeczka kminku mielonego
-
-

-
-

    1¼ szklanki mąki

    2 łyżeczki proszku do pieczenia

    Sól; do smaku

    pieprz, czarny; do smaku

- 1 szklanka mleka
- 4 łyżki oleju

Włóż kukurydzę do miski razem z posiekaną papryką, szalotką i ostrą papryką. Posyp kminkiem, mąką, proszkiem do pieczenia, solą i pieprzem; wymieszać, aby zmiksować. Dodaj mleko i dokładnie wymieszaj.

Nałóż ciasto w ¼ szklanki na patelnię i smaż na złoty kolor z obu stron, po około 2 minuty.

11. Placki Chanuka

Wydajność: 1 Porcja

Składnik

- 2 Drożdże, aktywne suche koperty Ciepła woda
- 2½ szklanki mąki; niebielona do 3 soli
- 2 łyżeczki anyżu
- 2 łyżki oliwy z oliwek
- 1 szklanka rodzynek; beznasienny ciemny
- 1 szklanka oliwy z oliwek do smażenia
- 1½ szklanki miodu

- 2 łyżki soku z cytryny

W misce wymieszać mąkę, sól i anyż. Stopniowo dodawać rozpuszczone drożdże i 2 łyżki oliwy z oliwek. Ugniataj, aż ciasto będzie gładkie i elastyczne

Rozłóż rodzynki na powierzchni roboczej i zagnieść na nich ciasto. Uformować kulkę.

Rozgrzej olej i smaż po kilka diamentów na raz, obracając, aż z obu stron zarumienią się na złoty kolor.

Podgrzej miód w rondelku z 2 łyżkami soku z cytryny i gotuj tylko 3 minuty. Ułożyć na półmisku i polać gorącym miodem.

PŁYTKI WARZYWNE

12. Placki z okrą

Wydajność: 1 Porcja

Składnik

- 1 szklanka przesianej niebielonej mąki
- 1½ łyżeczki Proszek do pieczenia
- 2 łyżeczki soli
- ¼ łyżeczki mielonego czarnego pieprzu
- ¼ łyżeczki startej gałki muszkatołowej

- 1 szczypta Cayenne

- 2 szklanki świeżej okry -- cienko pokrojonej

Dobrze połącz składniki

Wsypać łyżeczkami do oleju. Gotuj na złoty kolor, 3-5 minut, aż się uniosą, a następnie odwróć.

Odsącz na ręcznikach papierowych i w razie potrzeby podawaj na gorąco z sosem do maczania.

13. Placki z fasoli

Wydajność: 24 placki

Składnik

- 1 szklanka groszku, czarnooki
- 2 Pieprz, czerwony, gorący; posiekane, posiekane
- 2 łyżeczki soli
- Olej, roślinny; do smażenia

Namocz fasolę na noc w zimnej wodzie. Odcedzić, zetrzeć i wyrzucić skórkę, ponownie zalać fasolę zimną wodą i moczyć przez 2-3 godziny dłużej. Odcedź, opłucz i przełóż przez maszynkę do mięsa za pomocą najdelikatniejszego ostrza lub stopniowo zmniejszaj w elektrycznym blenderze. Zmiel paprykę. Do fasoli dodaj sól i paprykę i ubijaj drewnianą łyżką, aż staną się lekkie i puszyste oraz znacznie zwiększą masę.

Rozgrzać olej na ciężkiej patelni i smażyć miksturę na łyżkach stołowych na złoty kolor z obu stron. Odcedź na ręcznikach papierowych. Podawać na gorąco jako dodatek do napojów.

14. Placki ze słodkich ziemniaków z imbirem

Wydajność: 1 Porcja

Składnik

- A; (1/2-funtowy) słodki ziemniak
- 1½ łyżeczki posiekanego, obranego świeżego imbiru
- 2 łyżeczki świeżego soku z cytryny
- ¼ łyżeczki suszonych płatków ostrej papryki
- ¼ łyżeczki soli
- 1 duże jajko
- 5 łyżek mąki uniwersalnej
- Olej roślinny do smażenia

W robocie kuchennym posiekaj drobno startego batata z imbirem, sokiem z cytryny, płatkami czerwonej papryki i solą, dodaj jajko i mąkę i dobrze wymieszaj.

W dużym rondlu rozgrzać 1,5 cala oleju i wrzucić do oleju łyżki mieszanki ze słodkich ziemniaków, aż się zarumienią.

Przełóż placki na ręczniki papierowe, aby odsączyć.

15. Placki z bakłażana

Wydajność: 6 Porcji

Składnik

- 2 jajka, ubite
- Sól dla smaku
- 2 łyżki Mleka
- 2 bakłażany (bakłażany), drobno pokrojone
- Olej do frytowania

Wymieszaj jajka, sól i mleko, aby zrobić ciasto. Zanurz

Plastry bakłażana włożyć do ciasta i smażyć na głębokim oleju na oleju na średnim ogniu, aż będą równomiernie zarumienione.

16. Placki z karczochów

Wydajność: 6 Porcji

Składnik

- ½ funta serc karczochów, gotowanych i pokrojonych w kostkę
- 4 jajka, oddzielone
- 1 łyżeczka proszku do pieczenia
- 3 zielone cebule, posiekane
- 1 łyżka startej skórki z cytryny
- ½ szklanki mąki

- Sól i pieprz do smaku

- 1 łyżka mąki kukurydzianej

- 4 szklanki oleju do smażenia, oleju arachidowego lub kukurydzianego

Serca karczochów włożyć do dużej miski, dodać żółtka i proszek do pieczenia. Dodaj zieloną cebulę. Dodać skórkę z cytryny. Wymieszaj mąkę, sól i pieprz. W osobnej misce ubij razem białka i mąkę kukurydzianą, aż uformują się szczyty. Białka zbić w mieszankę z karczochów.

Łyżką wrzuć do oleju porcje ciasta wielkości pół dolara. Smażyć na złoty kolor

Wyjmij placki łyżką cedzakową i odsącz na ręcznikach papierowych.

17. Placki z rabarbaru

Wydajność: 1 Porcja

Składnik

- 8 łodyg rabarbaru boćwina
- 1 szklanka mąki
- ½ łyżeczki soli
- ⅛ łyżeczka papryki
- 1 jajko, lekko ubite
- 2 łyżki oleju lub roztopionego masła
- ⅔ filiżanka mleka

- Olej do frytowania

Wymieszaj mąkę, sól, paprykę, jajko, olej lub masło i mleko.

Zanurz kawałki łodyg w tym cieście, dobrze je przykrywając. Smaż w głębokim tłuszczu podgrzanym do 375 F lub do momentu, gdy będzie wystarczająco gorący, aby zrumienić 1-calową kostkę chleba w ciągu 1 minuty.

Odsącz na brązowym papierze w ciepłym piekarniku

18. Placki figowe

Wydajność: 24 figi

Składnik

- 24 jędrne dojrzałe figi
- 2 jajka, oddzielone
- $\frac{5}{8}$ filiżanka mleka
- 1 łyżka oleju
- 1 szczypta soli
- Tarta skórka z cytryny
- $20\frac{1}{2}$ uncji mąki

-
-

1 łyżka cukru

olej do smażenia

W misce ubić żółtka z mlekiem, olejem, solą i skórką z cytryny. Wymieszaj mąkę i cukier i dobrze wymieszaj. Wstaw ciasto do lodówki na 2 godziny.

Białka ubić na sztywną pianę i włożyć do ciasta. Zanurz figi w cieście i smaż je na głębokim, gorącym oleju na złoty kolor.

Odcedź krótko i posyp cukrem. W ten sam sposób można przygotować morele, banany i inne owoce.

19. Mieszane warzywa z plackami z rzepy

Wydajność: 6 Porcji

Składnik

- ¼ szklanki masła
- 1 szklanka posiekanej cebuli
- 1 szklanka posiekanej zielonej cebuli
- 2 łodygi selera, posiekane
- 2 łyżki drobno posiekanego imbiru
-
-
-

-
-
    - 2 Ząbki czosnku, drobno posiekane

    - 1 funtów Dziecka rzepa z zielonymi wierzchołkami

    - 10 filiżanek wody

    - 2 Bardzo duże kostki bulionowe z kurczaka

    - ½ szklanki wytrawnego białego wina lub wody

- ¼ szklanki mąki kukurydzianej
- 6 filiżanek zapakowanych w całe świeże liście szpinaku
- 1¼ łyżeczki mielonego czarnego pieprzu
- ½ łyżeczki soli
- ¼ szklanki nieprzesianej mąki uniwersalnej
- 1 duże jajko, lekko ubite
- Olej roślinny do smażenia

Przygotuj warzywa.

Grubo zetrzeć schłodzoną rzepę. Wymieszać startą rzepę, mąkę, jajko i pozostałe ¼ t pieprzu i soli.

Dodaj czubate łyżeczki ciasta na patelnię i smaż, obracając, aż zarumienią się z obu stron

20. Deserowe placki z cukinii

Wydajność: 2 Porcje

Składnik

- 2 jajka
- ⅔ szklanka Twarożek o niskiej zawartości tłuszczu
- 2 kromki białego lub białego chleba pokruszonego
- 6 łyżeczek cukru
-
-
-

- 1 dash sól
- ½ łyżeczki proszku do pieczenia
- 2 łyżeczki oleju roślinnego
- 1 łyżeczka ekstraktu waniliowego
- ½ łyżeczki mielonego cynamonu
- ¼ łyżeczki mielonej gałki muszkatołowej
- ⅛ łyżeczka ziela angielskiego mielonego
- 2 łyżki rodzynek
- 1 szklanka Wreszcie rozdrobniona cukinia bez skórki

Połącz wszystkie składniki oprócz rodzynek i cukinii. Miksuj do uzyskania gładkości. Wlej miksturę do miski. Do masy jajecznej wymieszać cukinię i rodzynki.

Rozgrzej patelnię lub patelnię z powłoką zapobiegającą przywieraniu na średnim ogniu. Upuść ciasto na patelnię dużą łyżką, robiąc 4-calowe ciastka. Obracaj placuszki ostrożnie, gdy brzegi wydają się suche.

21. Placki z porem

Wydajność: 4 Porcje

Składnik

- 4 szklanki posiekanego pora; (około 2 funty)
- 1 łyżka oleju roślinnego
- 1 łyżka masła
- 2 szklanki posiekanego szczawiu
- 2 jajka
-
-
-

-
  - ¼ szklanki mąki

    ¼ łyżeczki suszonej skórki cytryny

    ¼ łyżeczki słodkie curry w proszku

    ¼ łyżeczki Biały pieprz

    ½ łyżeczki soli
- Kwaśna śmietana

Smaż pory na oleju i maśle przez około 7 minut, aż będą ugotowane, ale nie przyrumienione

Dodaj szczaw i gotuj kolejne 7 minut, aż zwiędnie. Gdy ostygnie, wymieszaj jajka, mąkę i przyprawy. Dodaj do porów.

Na patelni podgrzej około ¼ szklanki oleju roślinnego. Wlej wystarczającą ilość mieszanki pora, aby zrobić naleśnik o średnicy 2½"-3". Smaż 2-3 minuty z pierwszej strony, aż lekko się zarumienią, odwróć i smaż około 2 minuty z drugiej strony.

Odcedź na ręcznikach papierowych i podawaj.

22. Placki z soczewicy i Vinaigrette z buraków

Wydajność: 4 Porcje

Składnik

- ¼ funta Czerwona soczewica; gotowany
- 1 łyżka posiekanego świeżego koperku
- 1 łyżeczka papryki
- ½ łyżeczki soli
- ¾ funtów Czerwone ziemniaki; obrane
-
-
-

-
-
    Oliwa z oliwek; do smażenia

    ¼ funta Ziele buraka; łodygi usunięte

    1 łyżka octu balsamicznego

    ½ łyżeczki musztardy mielonej

    ½ łyżeczki kaparów
- Sól
- Świeżo zmielony czarny pieprz
- 3 łyżki oliwy z oliwek z pierwszego tłoczenia

W misce umieścić puree z soczewicy, wymieszać z koperkiem, papryką i ½ łyżeczki soli. Zetrzyj ziemniaki do miski i wymieszaj, aby zmiksować.

Uformuj cieście z soczewicy w placki wielkości pół dolara i smaż na cienkiej warstwie oleju, aż się zrumienią

Sos: W małej misce umieścić ocet, musztardę, kapary, sól i pieprz. Wymieszaj oliwę z oliwek, aż się połączą. Ugotuj buraki w osolonej wodzie, aż zwiędną. Obsługiwać

23. Placki z bakłażana

Wydajność: 4 Porcje

Składnik

- 1 mały bakłażan
- 1 łyżeczka octu
- 1 jajko
- ¼ łyżeczki soli
- 3 łyżki mąki
- ½ łyżeczki proszku do pieczenia

Obierz i pokrój bakłażana. Gotuj do miękkości we wrzącej, osolonej wodzie.

Dodaj ocet i odstaw na minutę, aby zapobiec przebarwieniom.

Odcedź bakłażana i zacieruj. Ubij inne składniki i wrzuć z łyżki na gorący tłuszcz, obracając placki tak, aby równomiernie się zarumieniły.
Odsącz dobrze na ręcznikach papierowych i trzymaj w cieple.

Można dodać drobno posiekaną cebulę, pietruszkę itp.

24. Placki marchewkowe z curry

Wydajność: 1 Porcja

Składnik

- ½ szklanki mąki
- 1 jajko, lekko ubite
- 1 łyżeczka curry w proszku
- ½ funta marchewki
- ¼ łyżeczki soli
- ½ szklanki piwa płaskiego
- 1 białko jajka

Połącz mąkę, sól, jajko, 1 łyżkę oleju roślinnego i piwo, aby uzyskać gładkie ciasto.

Dodać curry w proszku. Białko ubić na sztywną pianę i włożyć do ciasta. Delikatnie dodać marchewki.

Wrzuć duże łyżki mieszanki do oleju roślinnego o temperaturze 375 stopni i smaż około jednej minuty z każdej strony.

25. Smażone placki z groszku

Wydajność: 4 Porcje

Składnik

- 2 szklanki groszku polnego (gotowanego)
- 1 szklanka mąki
- 2 łyżeczki proszku do pieczenia
- 1 łyżeczka pieprzu
- ½ łyżeczki soli
- 1 łyżka curry w proszku

- 2 jajka

- 1½ szklanki mleka

Zmieszaj wszystkie suche składniki. Ubij jajka i mleko. Dodaj do mieszanki mąki. Delikatnie wmieszaj ugotowany groszek.

Upuść z łyżki na cala gorącego tłuszczu. Smażyć do jasnobrązowego.
Porcja od 4 do 5

26. Nadziewane placki ziemniaczane

Wydajność: 1 Porcja

Składnik

- ¼ szklanki oleju kukurydzianego
- 3 średnie (1-1/2 szklanki) cebuli; posiekany
- 1 funta Mielona wołowina
- 1 łyżeczka soli
- ½ łyżeczki pieprzu
- 3 funty ziemniaków; gotowane i puree

-
- 1 jajko; bity

  1 łyżeczka soli; lub do smaku

- ½ łyżeczki mielonego cynamonu

- ½ łyżeczki pieprzu

- 1 szklanka mąki Macoh

Rozgrzej olej na patelni i smaż cebulę na średnim ogniu na złoty kolor. Dodaj wołowinę, sól i pieprz i mieszaj, aż mieszanina będzie sucha i cały płyn wyparuje. Dodaj puree ziemniaczane.

Uformuj ½ szklanki ciasta ziemniaczanego w okrąg w dłoni. Umieść 1 obfity farsz na środku i złóż ciasto na lekko spłaszczony kształt kiełbasy

Smażyć na patelni na oleju na średnim ogniu, aż się zarumienią z obu stron.

27. Placki grzybowe

Wydajność: 6 Porcji

Składnik

- 1 Mąkę o wszechstronnym przeznaczeniu
- 1 puszka piwa o pojemności 12 uncji
- 1½ łyżeczki soli
- ¼ łyżeczki pieprzu czarnego
- 1 łyżeczka papryki
- 1 funta Grzyby
- Sok cytrynowy

-
- Sól

    4 szklanki oleju do smażenia

Przygotuj ciasto, mieszając wszystkie oprócz grzybów, soli i cytryny na gładką masę.

Posyp pieczarki odrobiną soku z cytryny i solą.

Zanurz grzyby w cieście i wrzuć do rozgrzanego oleju, aż się zarumienią. Ugotowane już pieczarki trzymaj na blasze wyłożonej chłonnym papierem w niskim piekarniku.

28. Bhajiye cebulowe / placki cebulowe

Wydajność: 6 Porcji

Składnik

- 1½ szklanki mąki z soczewicy lub ciecierzycy
- 1 łyżeczka Sól lub do smaku
- 1 szczypta Soda oczyszczona
- 1 łyżka ryżu mielonego
- Szczypta kminku/chili w proszku/kolendry
- 1 do 2 świeżych zielonych papryczek chili

-
- 2 duże cebule, pokrojone w krążki i oddzielone

    Olej do frytowania

Przesiej mąkę i dodaj sól, sodę oczyszczoną, zmielony ryż, kminek, kolendrę, chili w proszku i zielone papryczki chili; dobrze wymieszaj. Teraz dodaj cebulę i dokładnie wymieszaj.

Stopniowo dodawać wodę i mieszać, aż powstanie miękkie, gęste ciasto.

Rozgrzej olej i delikatnie usmaż placuszki, aby ciasto w środku pozostało miękkie, a na zewnątrz na złoty kolor i chrupiący. Powinno to zająć około 12 do 12 minut na każdą partię.

Odcedź placki na ręcznikach papierowych.

29. Pakora

Wydajność: 12 Porcji

Składnik

- 1 szklanka mąki z ciecierzycy
- ½ szklanki niebielonej mąki uniwersalnej
- ½ łyżeczki sody oczyszczonej
- ¾ Łyżeczka Krem z Tatara
- ¼ łyżeczki soli morskiej
- 1 łyżeczka sproszkowanego kminku i sproszkowanej kolendry
- 1 łyżeczka kurkumy i pieprzu Cayenne

-
- 2 łyżki soku z cytryny
- 1 szklanka pokrojonych w plasterki ziemniaków
- 1 szklanka różyczek kalafiora
- 1 szklanka posiekanej papryki

Zmiksuj mąki, sodę oczyszczoną, śmietankę tatarską, sól i przyprawy.

Stopniowo ubijaj w wodzie i soku z cytryny, aby uzyskać gładkie ciasto o konsystencji ciężkiej śmietany. Odłożyć na bok.

Zanurz warzywa w cieście, aby pokryć. Zanurz w rozgrzanym oleju, obracając, równomiernie smaż, na złoty kolor, około 5 minut. Wyjmij łyżką cedzakową i odsącz na bibule.

30. Placki z pasternakiem i marchewką

Wydajność: 4 Porcje

Składnik

- 225 gramów Pasternak; tarty
- 2 średnie marchewki; tarty
- 1 Cebula; tarty
- 3 łyżki świeżego szczypiorku
- Sól i świeżo zmielony czarny pieprz
- 2 średnie Jajka
- ½ opakowania Kiełbaski Wieprzowe

- 100 gramów mocnego sera Cheddar
- 40 gramów Mąki Zwykłej
- 2 łyżki świeżej posiekanej natki pietruszki

Wymieszaj pasternak, marchew, cebulę, szczypiorek, przyprawę i jedno jajko, aż dobrze się połączą. Podziel na cztery, spłaszczając na szorstkie naleśniki.

Rozgrzej dużą patelnię i smaż kiełbaski przez 10 minut, od czasu do czasu obracając na złoty kolor.

W międzyczasie włóż naleśniki na patelnię i smaż po 3 minuty z każdej strony na złoty kolor

Wymieszaj pozostałe składniki, aby uzyskać twardą pastę i zwiń w duży kształt kłody. Pokrój na cztery. Pokrój kiełbaski i podziel między placki. Na wierzch połóż plasterek sera.

Umieść pod rozgrzanym grillem i gotuj przez 5-8 minut, aż zacznie bulgotać i się roztopi. Podawaj od razu udekorowane szczypiorkiem i chutneyami.

31. Frytki z pomme / placki patatynowe

Wydajność: 4 Porcje

Składnik

- 1 funta ziemniaków Russet
- 4 litry oliwy z oliwek z pierwszego tłoczenia
- Sól i pieprz

Pokrój ziemniaki na plastry wielkości palca i umieść w nowej zimnej wodzie.

Podgrzej olej do 385 F w garnku dwukrotnie większą ilość oleju

Dodawaj po jednej garści ziemniaków na raz i gotuj na złoty kolor. Wyjąć i osuszyć na papierze, doprawić solą i pieprzem i podawać z majonezem

32. Placki ziemniaczano-orzechowe

Wydajność: 4 Porcje

Składnik

- 2 Gotowane ziemniaki
- Sól
- 2 duże jajka
- ½ szklanki siekanych orzechów włoskich
- Świeżo zmielony pieprz
- 5 filiżanek oleju roślinnego do głębokiego smażenia

Rozgrzej olej do głębokiego smażenia do 360 stopni

Z mieszanki zrób placki, ale nie zalewaj ich olejem. Smaż przez 23 minuty lub na złoty kolor ze wszystkich stron.

Przełóż na tacę wyłożoną ręcznikami papierowymi.

33. Placki dyniowe

Wydajność: 1 Porcja

Składnik

- 4 szklanki ugotowanej puree z dyni
- 2 jajka
- 1 szklanka mąki
- 1 szczypta soli
- 1 łyżeczka proszku do pieczenia
- 2 łyżki cukru
-
-

250 mililitrów cukru

500 mililitrów wody

- 500 mililitrów mleka
- 30 mililitrów Margaryny
- 20 mililitrów skrobi kukurydzianej zmieszanej z wodą

Połącz wszystkie składniki, robiąc miękkie ciasto i smaż łyżki na płytkim oleju, aż obie strony lekko się zarumienią.

Odsącz na papierze i podawaj na ciepło z cukrem cynamonowym lub sosem karmelowym.

34. Placki szpinakowe

Wydajność: 4 Porcje

Składnik

- 1 funta świeżego szpinaku lub innego
- Warzywo do wyboru
- 3 duże jajka
- 2 łyżki Mleka
- 1 łyżeczka soli
-
-

½ łyżeczki pieprzu

2 łyżki mielonej cebuli

- 1 łyżka posiekanego selera
- 1 łyżka mąki
- Olej do gotowania

Szpinak dobrze wypłukać, odcedzić i drobno posiekać.

Oddziel jajka i ubij białka, aż staną się miękkie.

Wymieszać żółtka z mlekiem, solą, pieprzem, cebulą, selerem i mąką. Dodać ubite białka i szpinak, dobrze wymieszać.

Uformować 8 3-calowych kotletów i smażyć na oleju, aż się zrumienią.

35. Smażone w głębokim tłuszczu placki z tofu

Wydajność: 4 Porcje

Składnik

- 50 gram samorosnąca mąka
- Sól i świeżo zmielony pieprz
- Olej roślinny do smażenia
- 285g tofu; pokroić na kawałki
- 2 łyżki cukru pudru
- 2 łyżki octu z czerwonego wina
-
-

300 gramów Mieszane jagody

2 szalotki; drobno pokrojone w kostkę

Zrób salsę. Ocet i cukier umieścić na patelni i delikatnie podgrzać, aby rozpuścić cukier. Dodaj jagody i szalotki i gotuj delikatnie przez 10 minut, aż zmiękną. Pozostaw do ostygnięcia.

Zrobić ciasto, wsypać mąkę do miski i stopniowo ubijać w wodzie.

Rozgrzej olej na głębokiej patelni, aż będzie gorący. Zanurz tofu w cieście i smaż na głębokim tłuszczu przez 1-2 minuty, aż ciasto będzie chrupiące.

36. Placki pomidorowe

Wydajność: 16 Porcji

Składnik

- 1⅓ szklanki pomidorów śliwkowych, bez pestek, pokrojonych w kostkę
- ⅔ szklanki cukinii, drobno pokrojonej w kostkę
- ½ szklanki cebuli, drobno posiekanej
- 2 łyżki posiekanych liści mięty
-
-

- ½ szklanki mąki uniwersalnej

  ¾ łyżeczka proszku do pieczenia

  ½ łyżeczki soli

- ½ łyżeczki pieprzu
- Szczypta cynamonu
- Oliwa z oliwek do smażenia

Połącz pokrojone w kostkę pomidory, cukinię, cebulę i miętę w małej misce

Wymieszaj mąkę, proszek do pieczenia, sól i pieprz oraz cynamon w średniej misce. Warzywa wymieszać z suchymi składnikami.

Rozgrzej oliwę z oliwek na dużej nieprzywierającej patelni i wlej ciasto zaokrągloną łyżką stołową na olej. Gotuj na złoty kolor, około 2 minuty z każdej strony.

Odsączyć na ręcznikach papierowych, podawać na gorąco.

PŁYTKI OWOCOWE

37. Holenderskie placki jabłkowe

Wydajność: 4 Porcje

Składnik

- 8 dużych jabłek obranych, wydrążonych
- 2 szklanki mąki uniwersalnej, przesianej
- 12 uncji Ale
- ½ łyżeczki soli
- Olej, smalec lub tłuszcz piekarski
-

Cukier cukierników

Pokrój obrane i wydrążone jabłka lub pokrój w krążki o grubości ⅓ cala.

Połącz piwo, mąkę i sól trzepaczką, aż mieszanina będzie gładka, a następnie Zanurz plasterki jabłek w mieszance.

Smażyć na głębokim tłuszczu lub w 1 calu oleju na ciężkiej patelni w temperaturze smażenia 370°. Odpływ

38. Placki jabłkowo-pomarańczowe

Wydajność: 18 Porcji

Składnik

- 1 szklanka mleka
- 1 Pomarańcza, skórka i sok
- 1 jajko, ubite
- 1 szklanka grubo posiekanych jabłek
- 4 łyżki margaryny
- 3 szklanki mąki tortowej

- ¼ szklanki) cukru

- 2 łyżeczki proszku do pieczenia

- ½ łyżeczki soli

- 1 łyżeczka wanilii

Pokonaj jajko. W misce wymieszać mleko, jajko i roztopioną margarynę. Dodaj sok pomarańczowy, skórkę, posiekane jabłka i wanilię.

Przesiej mąkę, sól, proszek do pieczenia. Mieszaj do mieszanki mleka łyżką, aż się połączą.

Rozgrzej olej na patelni do 350~. Wrzuć łyżkę stołową do gorącego oleju. Smażyć na złoty kolor. Obróć, aby równomiernie się zrumieniły. Pozostaw do ostygnięcia.

39. Placki bananowe w cieście tempura

Wydajność: 1 Porcja

Składnik

- 5 bananów
- Mąka do pogłębiania bananów
- Olej warzywny do głębokiego smażenia
- 1 jajko
- 125 mililitrów mąki przesianej
- 1/2 łyżeczki. proszek do pieczenia
- Miód

Składniki na ciasto wymieszać batem, aż się trochę spienią.

Pokrój banany na 1 calowe/2½ cm kawałki. Obtocz je w mące, aż będą lekko pokryte.

Zanurz kilka kawałków banana w cieście i usmaż je na złoty kolor. Odcedź na ręcznikach papierowych. Rób w małych partiach, aż wszystkie się skończą.

Podgrzej miód w rondelku, aż będzie płynny i gorący; przelej to na banany.

40. Placki z morelami

Wydajność: 8 Porcji

Składnik

- 12 małych moreli
- 12 całych migdałów
- 2 łyżki białego rumu
- ½ szklanki niebielonej mąki uniwersalnej
- ½ szklanki mąki kukurydzianej
- 3 łyżki cukru
- ½ łyżeczki soli

- ½ łyżeczki cynamonu

- ½ łyżeczki proszku do pieczenia
- ½ szklanki wody; plus
- 1 łyżka wody
- 3 łyżki roztopionego masła
- 1½ kwarty oleju roślinnego; do smażenia
- Cukier cukierników

Włożyć morele do miski i posypać nacięte boki rumem.

Do ciasta wymieszaj suche składniki w misce i wymieszaj z wodą, a następnie roztopionym masłem.

Widelcem zanurz morele w cieście na głęboki złoty kolor, a morele się ugotują

41. Placki bananowe Benya

Wydajność: 1 Porcja

Składnik

- 1 opakowanie drożdży
- 1 szklanka gorącej wody
- Cukier
- 10 bardzo miękkich bananów
- 3 łyżki cynamonu
- 2 łyżki gałki muszkatołowej
- 2,5 funta mąki
- 1½ funta cukru

Tarta skórka pomarańczy

- ¼ łyżeczki soli

Dodać drożdże do gorącej wody i posypać odrobiną cukru. Przykryj i odstaw, aby rozpocząć proces wyrastania.

Banany dokładnie rozgnieść w dużej misce z drożdżami. Dodaj cynamon, gałkę muszkatołową, mąkę, cukier, startą skórkę z pomarańczy i sól. Dokładnie wymieszaj i odstaw na noc. Mieszanka wzrośnie i potroi się.

Wrzuć łyżkami do głębokiego tłuszczu; smażyć do brązu. Podawaj na ciepło lub na zimno

42. Placki z langustyną i bananem

Wydajność: 1 Porcja

Składnik

- 4 Pulchne langustynki
- 1 banan
- 8 uncji mąki kukurydzianej
- 8 uncji zwykłej mąki
- 1 uncja proszku do pieczenia
- 3½ łyżki ketchupu

- ćwiartka octu

    Sól i pieprz

Do miski wsyp mąkę kukurydzianą, mąkę, sól i pieprz. Dodaj keczup i ocet i ubij na gładką pastę. Dodaj proszek do pieczenia.

Rozgrzej patelnię lub elektryczną frytownicę do 175-180C.

Obierz langustynki i oczyść jelita. Podzielić langustynki na kawałki i położyć kawałek banana na środku. Zabezpiecz razem patyczkiem koktajlowym. Zanurz w cieście i smaż na głębokim tłuszczu.

43. Placki brzoskwiniowe w puszkach

Wydajność: 4 -5 porcji

Składnik

- 1 puszka (29 uncji) pokrojonych brzoskwiń
- 1 szklanka przesianej mąki PRZED pomiarem
- ½ łyżeczki soli
- 1 łyżeczka proszku do pieczenia
- 2 jajka; bity
- 1 łyżka stopionego tłuszczu

- ½ szklanki pełnego mleka

 Olej roślinny

Brzoskwinie odcedź i posyp lekko mąką. Przesiej mąkę z solą i proszkiem do pieczenia. Dodać dobrze ubite jajka, roztopiony tłuszcz piekarski i mleko. Dobrze wymieszaj.

Za pomocą widelca z długimi uchwytami zanurz owoce w cieście. Odczekaj, aż nadmiar ciasta spłynie.

Włóż owoce do gorącego oleju (375) i smaż 2-3 minuty lub do jasnobrązowego

Odcedź na ręcznikach papierowych. Posyp cukrem pudrem.

44. Karaibskie placki ananasowe

Wydajność: 1 Porcja

Składnik

- 2 szklanki świeżego ananasa; pokroić na kawałki
- 1 papryczka chili Habanero; nasiona i mielone
- 5 szczypiorków; drobno zmielony
- 1 Cebula; mielony
- 2 ząbki czosnku; puree i mielone
- 8 zielonej cebuli; mielony

- ½ łyżeczki kurkumy

    1¼ szklanki mąki

- ½ szklanki mleka; albo więcej
- ½ szklanki oleju roślinnego; do smażenia
- 2 jajka; bity
- Sól i pieprz
- Pierścienie ananasowe; do przybrania

Wymieszaj pierwsze siedem składników; odłożyć na bok.

Mąkę, mleko, jajka, sól i pieprz połączyć razem i dobrze ubić mikserem elektrycznym. Po 4 godzinach wymieszać owoce z ciastem.

Rozgrzej olej roślinny na głębokiej patelni. Wrzuć ciasto łyżkami i smaż przez około 5 minut, aż się zarumienią.

Usuń placki i odsącz na ręcznikach papierowych. Podawaj na zimno

45. Placki z czarnego bzu

Wydajność: 4 Porcje

Składnik

- 200 gramów mąki (1 3/4 szklanki)
- 2 jajka
- ⅛ litra mleka (1/2 szklanki plus 1/2 łyżki stołowej)
- Mała szczypta soli
- 16 kwiatów czarnego bzu z łodygami
- Cukier do posypania
- 750 gram Smalec lub tłuszcz do smażenia

Za pomocą trzepaczki wymieszaj mąkę, jajka, sól i mleko w cieście naleśnikowym. Kilkakrotnie opłucz kwiaty czarnego bzu, a następnie osusz papierowym ręcznikiem.

Na krótko zanurz kwiaty w cieście, a następnie smaż na głębokim tłuszczu na złoty kolor. Posyp cukrem i podawaj.

-
-

46. Placki owocowe i warzywne

Wydajność: 1 Porcja

Składnik

- 1 Mąkę o wszechstronnym przeznaczeniu
- 1 łyżeczka proszku do pieczenia
- 14 łyżeczek soli
- 2 duże jajka
- 2 łyżeczki cukru
- ⅔ filiżanka mleka

- 1 łyżeczka oleju sałatkowego
- ½ łyżeczki soku z cytryny

    Mieszanka owoców

    Wymieszane warzywa

Przesiej mąkę, proszek do pieczenia i sól razem. Jajka ubić na jasną i puszystą masę. Dodaj cukier, mleko, olej i odrobinę soku z cytryny; dodaj mieszankę mąki i mieszaj tylko na tyle długo, aby zwilżyć. Do mąki dodaj odrobinę cynamonu podczas robienia placków owocowych.

OWOCE: Jabłka: Obrać, wydrążyć i pokroić w ½-calowe plastry. Banany: Pokrój na kawałki i posyp sokiem z cytryny i cukrem. Użyj puszki brzoskwini, ananasa itp. przez odsączenie; bardzo lekko posyp mąką przed zanurzeniem w cieście.

WARZYWA: Pokrój na kawałki tej samej wielkości, aby czas smażenia pozostał mniej więcej taki sam.

Rozgrzać olej na głębokiej patelni i smażyć placki do delikatnego zarumienienia, a następnie osuszyć na ręcznikach papierowych.

47. Placki owocowe z sosem cytrynowo-bourbonowym

Wydajność: 32 Porcje

Składnik

- ¾ Szklanka mąki, uniwersalna
- ½ łyżeczki proszku do pieczenia
- 1 jajko, ubite
- 1 łyżka masła lub roztopionej margaryny
- ⅓ filiżanka cukru
  1 łyżka mąki kukurydzianej

¾ szklanka wody

2 łyżki masła lub margaryny

1 łyżeczka wanilii

4 jabłka, 4 gruszki, 4 banany

- ¼ szklanki Burbona
- skórka z cytryny i 4 łyżeczki soku z cytryny

Przesiej mąkę, cukier i proszek do pieczenia.

Połącz jajko, wodę, masło i wanilię; mieszać z suchymi składnikami, aż się połączą.

Zanurz plaster owoców w cieście; wrzuć do gorącego oleju i smaż na złoty kolor z obu stron.

SOS CYTRYNOWO-BOURBONOWY: Połącz cukier i mąkę kukurydzianą w małym rondelku; wymieszać z wodą. Gotuj ciągle mieszając, aż mieszanina się zagotuje i zgęstnieje. Dodać masło. Dodaj bourbon, skórkę z cytryny i sok; dobrze wymieszaj.

48. Szpiegowskie placki jabłkowe z północy

-
-
-

Wydajność: 15 Porcji

Składnik

- ¾ kubek żółtej mąki kukurydzianej
- ½ szklanki mąki uniwersalnej
- 2 łyżki proszku do pieczenia
- 6 łyżek cukru
- 1 szczypta soli

  1 jajko

  ½ szklanki mleka

1½ szklanki oleju roślinnego do smażenia

1 Jabłko Northern Spy, obrane

2 łyżki oleju roślinnego

- Cukier cukierniczy do dekoracji

Połącz wszystkie suche składniki z wyjątkiem cukru cukierniczego

Dodawaj składniki płynne (z wyjątkiem 1½ szklanki oleju) po jednym na raz, mieszając pomiędzy dodawaniem. Wymieszaj z jabłkiem. Odstaw ciasto na 10 minut.

Podgrzej olej, aż zacznie pękać, nie do momentu wędzenia. Wrzuć ciasto do oleju i wyjmij na ręcznik papierowy, gdy będzie złocistobrązowy.

Posyp cukrem cukierniczym i podawaj.

49. Placki z bananem ananasowym

-
-
-

Wydajność: 1 Porcja

Składnik

- 1⅓ szklanki mąki uniwersalnej
- 1½ łyżeczki proszku do pieczenia o podwójnym działaniu
- 3 łyżki cukru pudru
- 1 łyżeczka mielonego imbiru

    ¾ szklanki Posiekanego świeżego ananasa; osuszony

    ¾ szklanki posiekanego banana

½ szklanki mleka

1 duże jajko; lekko pobity

Olej roślinny do smażenia

- Cukier cukierniczy do posypywania

Przesiej mąkę, proszek do pieczenia, cukier puder, imbir i szczyptę soli.

W misce dobrze wymieszaj ananasa, banana, mleko i jajko, dodaj mieszankę mąki i mieszaj ciasto, aż się połączą.

Wrzucaj ciasto łyżkami do oleju partiami i smaż placuszki, obracając je, przez 1 do 1 ½ minuty, aż się zarumienią.

Przełóż placki łyżką cedzakową na ręczniki papierowe, aby osuszyć i przesiać nad nimi cukier cukierniczy.

-
-
-

50. Placki gruszkowe w koszulce

Wydajność: 1 Porcja

Składnik

- 1 Przepis Tradycyjne Ciastka Maślankowe
- Olej roślinny
- 1 port do butelek
- 1 szklanka wody
- 1 laska cynamonu
- 3 Całe goździki

  ½ łyżeczki gałki muszkatołowej

1 szczypta buławy

4 gruszki; obrane

-
-
-

Składniki włożyć do garnka i zagotować dodać gruszki. Gotuj, aż gruszki będą lekko ugotowane przez 15 do 20 minut.

Po schłodzeniu wyjąć gruszki i odcedzić płyny, włożyć z powrotem do garnka i zagotować. Zmniejsz o połowę i zdejmij z ognia. Gruszki pokroić w ćwiartki, usuwając pestki.

Rozwałkuj ciasto dwa razy na długość gruszki i tak długo, jak to tylko możliwe, o grubości od do $\frac{1}{4}$ cala. Ułożyć gruszki na cieście, ułożyć na wierzchu i pokroić kółkiem do ciasta. Powtarzaj, aż ciasto i gruszki zostaną wykorzystane.

Upiec ciastka.

PŁYTKI Z OWOCA OWOCOWEGO

51. Placki z suma

Wydajność: 8 Porcji

Składnik

- 1½ szklanki mąki uniwersalnej
- 1 łyżeczka Sól pieprz
- 2 średnie Jajka
- 3 łyżki masła niesolonego; stopiony, schłodzony
- 1 szklanka mleka w całości
- ½ funta dorsza solonego
- 1 każda Papryka, gorąca; rozstawiony

-
-
  - po 2 scalony; dobrze posiekany
  - 1 każdy Ząbki czosnku; zgnieciony
- 1 łyżka natki pietruszki; posiekany
- ½ łyżeczki tymianku
- 1 każda jagoda ziela angielskiego; grunt

Do miski przesiej mąkę i sól. Jajka ubić z masłem i dodać do mieszanki mąki. Stopniowo dodawać mleko, mieszając tylko do wymieszania. Dodaj więcej mleka, jeśli ciasto jest zbyt sztywne.

Funt ryby w moździerzu z ostrą papryką

Do smaku dodać szalotki, czosnek, pietruszkę, tymianek, ziele angielskie i czarny pieprz. Wymieszać w cieście

Rozgrzej olej i smaż mieszankę czubatymi łyżkami na złoty kolor.

52. Placki z dorsza

Wydajność: 14 placków

Składnik

- ½ funtów suszony solony dorsz, gotowany i posiekany
- Olej roślinny do smażenia na głębokim tłuszczu
- 1½ szklanki nieprzesianej mąki uniwersalnej
- ½ łyżeczki proszku do pieczenia
- ½ łyżeczki Pęknięty czarny pieprz
- ¼ łyżeczki soli
- 2 Białka z dużych jaj

-
-

2 Ząbki czosnku, zmiażdżone

2 łyżki posiekanych świeżych liści kolendry

W dużej misce wymieszaj mąkę, proszek do pieczenia, popękany czarny pieprz i sól.

W małej misce ubić białka na pianę - dodać ubite białka i wodę do mieszanki mąki, aby uzyskać ciasto naleśnikowe. Dodaj posiekany solony dorsz, czosnek i posiekane świeże liście kolendry; mieszaj, aż dobrze się połączą.

Partiami wrzucać czubate łyżki ciasta na rozgrzany olej i smażyć 12 minut.

Odsącz na ręcznikach papierowych i podawaj na ciepło na talerzu do serwowania; udekoruj kolendrą.

53. Placki z mięsem rybnym i krabowym

Wydajność: 1 Porcja

Składnik

- 12 uncji Świeży lub mrożony dorsz
- 6 uncji imitacji mięsa kraba
- 2 jajka; bity
- 1/2 szklanki mąki
- 1 zielona cebula; drobno posiekane
- ½ łyżeczki drobno posiekanej skórki cytryny
- 1 łyżeczka soku z cytryny
- 1 Ząbki czosnku; zgnieciony

-
-
  - ¼ łyżeczki soli

  - ½ łyżeczki pieprzu

- Olej do gotowania

W pojemniku blendera lub misce robota kuchennego wymieszaj kraba rybnego, jajka, mąkę, cebulę, skórkę z cytryny, sok z cytryny, czosnek, sól i pieprz. Przykryj i zmiksuj do uzyskania gładkości.

Lekko naoliwić patelnię i podgrzać

Nałóż łyżkę około ¼ szklanki ciasta na patelnię i rozłóż na kotlet o średnicy 3 cali

Smaż 3 minuty z każdej strony lub do uzyskania złotego koloru

54. małże z dorsza i placki kukurydziane

Wydajność: 1 Porcja

Składnik

- 2 jajka, dobrze ubite
- ¼ szklanki płynu z małży
- ¼ szklanki mleka
- 1 łyżka oleju
- 1½ szklanki mąki
- 1 łyżeczka Proszek do pieczenia Sól do smaku

-
-
- 1 szklanka dobrze odsączonego ziarna kukurydzy

- ½ szklanki dobrze odsączonych mielonych małży

Pokonaj jajka; dodaj mleko, płyn z małży, olej i ubijaj, aż dobrze się połączą.

Wymieszaj mąkę, proszek do pieczenia i sól do smaku. Ubijaj, aż dobrze się połączą. Dodaj kukurydzę i małże. Wrzuć dobrze zaokrąglonymi łyżkami stołowymi do gorącego oleju. Gotuj, aż się zrumienią z obu stron. Odcedź na ręcznikach papierowych.

-
-

55. Placki muszlowe

Wydajność: 50 Porcji

Składnik

- 2,5 kg muszli, drobno posiekanej
- 1 szklanka soku z limonki
- ¼ szklanki oliwy z oliwek
- 1 zielona papryka
- 1 czerwona papryka

1 duża cebula, drobno posiekana

4 jajka, ubite

2 kubki mąka

1 łyżeczka soli

- 1 łyżeczka przyprawy Cajun
- 6 kresek sosu Tabasco
- 3 łyżeczki proszku do pieczenia
- 5 łyżek roztopionej margaryny
- Olej roślinny do smażenia

Poproś targ rybny, aby przepuścił konchę przez zmiękczacz. Marynować muszlę w 1 szklance soku z limonki i ¼ szklanki oliwy z oliwek przez co najmniej 30 minut; odpływ.

Wymieszaj wszystkie składniki razem. Smażyć na GORĄCYM oleju roślinnym na złoty kolor, około 3-5 minut. Podawać z czerwonym sosem koktajlowym lub sosem tatarskim.

56. Placki z małży w puszkach

-
-

-
-

Wydajność: 12 Porcji

Składnik

- 1 jajko; dobrze pobity
- ½ łyżeczki soli
- ⅛ łyżeczka czarnego pieprzu
- ⅔ szklanki białej mąki pszennej
- 1 łyżeczka proszku do pieczenia

    ¼ szklanki bulionu z małży w puszkach lub mleka

1 łyżka masła; stopiony

1 szklanka Mielone małże w puszkach; osuszony

Olej lub masło klarowane

- ¼ szklanki śmietany lub jogurtu
- 1 łyżeczka koperku; estragon lub tymianek

Delikatnie wymieszaj wszystkie składniki, dodając małże na końcu. Upuść 2 czubate łyżki stołowe w cieście na rozgrzaną, wysmarowaną tłuszczem patelnię lub żelazną patelnię.

Gdy bąbelki pękną, obróć placki.

Podawaj na ciepło z porcją ziołowej śmietany, jogurtu lub sosu tatarskiego.

57. Placki z kraba i awokado

-
-

Wydajność: 4 Porcje

Składnik

- 2 funty mięsa krabowego
- Sól
- 1 szklanka pokrojonej w kostkę zielonej cebuli
- ¼ szklanki suchej bułki tartej
- 1 średnie awokado, obrane i pokrojone

   Olej kukurydziany do głębokiego smażenia

Uniwersalna mąka

Cienko pokrojona zielona cebula

2 jajka

- ½ szklanki gorącej salsy chili

Połącz kraba, 1 łyżkę zielonej cebuli i awokado w dużej misce. Wymieszaj jajka, salsę i sól; dodaj do kraba. Wymieszaj w bułce tartej. Uformuj mieszankę w kulki 1½ cala.

Wlej olej na dużą patelnię na głębokość 3 cali.

Podgrzej do 350 stopni

Placki posypane mąką. Ostrożnie dodawać partiami do oleju (nie stłoczyć) i smażyć na złoty kolor, około 2 minuty z każdej strony.

Odcedź na ręcznikach papierowych. Przełóż na przygotowany arkusz i trzymaj w piekarniku, aż wszystko się ugotuje. Udekoruj płatkami zielonej cebuli i podawaj od razu

-
-

58. Placki z langustą

Wydajność: 6 Porcji

Składnik

- 1 szklanka langusty langust
- ¼ szklanki Pimientos, posiekane
- ¼ szklanki zielonej cebuli, posiekanej
- 2 szklanki mąki

1 łyżeczka sody oczyszczonej

½ łyżeczki soli

½ łyżeczki kraba gotować w płynie

½ szklanki bulionu lub wody

- olej do smażenia

Dodaj pimientos i zieloną cebulę do raków. Przesiej mąkę, sodę oczyszczoną i sól razem i dodaj do raków. Dodaj bulion lub wodę i wymieszaj na gęste ciasto. Przykryj i odstaw na pół godziny.

Upuść ciasto łyżkami i smaż na złoty kolor

-
-

59. Placki z małżami

Wydajność: 4 Porcje

Składnik

- 1 pinta małży
- 1 łyżka proszku do pieczenia
- 1½ łyżeczki soli
- 1 szklanka mleka

- 1 łyżka masła

  1¾ kubek mąki, uniwersalny

  1 łyżeczka natki pietruszki, posiekanej

  2 Jajka, ubite

  2 łyżeczki cebuli, startej

Połącz suche składniki. Połącz jajka, mleko, cebulę, masło i małże. Połącz z suchymi składnikami i mieszaj, aż będzie gładka. Wrzuć ciasto za pomocą łyżeczek do gorącego tłuszczu piekarskiego o temperaturze 350 stopni F i smaż przez 3 minuty, aż się zarumienią.

Odsączyć na papierze chłonnym.

-
-

-
-

60. Indonezyjskie placki z krewetkami kukurydzianymi

Wydajność: 6 Porcji

Składnik

- 3 kłosy zeskrobane i grubo posiekane
- ½ funta średnie krewetki obrane i obłuszczone,
- 1 łyżeczka posiekanego czosnku
- ½ szklanki drobno posiekanej szalotki lub: zielonej cebuli
- 1 łyżeczka mielonej kolendry
- ¼ łyżeczki mielonego kminku

2 łyżki posiekanych liści kolendry

2 łyżki mąki

1 łyżeczka soli

2 Jajka, ubite

- Olej arachidowy lub roślinny do smażenia na patelni
- sos chili do maczania

W DUŻEJ MISIE wymieszać kukurydzę, krewetki, czosnek, szczypiorek, mieloną kolendrę, kminek, liście kolendry, mąkę, sól i jajka. Rozgrzej cienką warstwę oleju na patelni na średnim ogniu. Wlej ¼ szklanki mieszanki kukurydzianej na patelnię. Dodaj tyle, ile zmieści się na patelni z ½ cala przestrzeni między plackami.

Smażyć na złoty kolor i chrupiący; skręcać. Gotuj około 1 minuty z każdej strony. Wyjmij i osusz na ręcznikach papierowych. Utrzymuj ciepło podczas smażenia pozostałych placków.

-
-

61. Włoskie placki ze spaghetti do squasha

Wydajność: 4 Porcje

Składnik

- 2 jajka
- ½ szklanki Częściowo odtłuszczonego sera ricotta
- 1 uncja startego parmezanu
- 3 łyżki mąki
- ½ łyżeczki proszku do pieczenia
- 2 łyżeczki warzyw. olej

- $\frac{1}{8}$ łyżeczka Czosnek w proszku
- $\frac{1}{2}$ łyżeczki suszonego oregano

  $\frac{1}{4}$ łyżeczki suszonej bazylii

  1 łyżka posiekanych płatków cebuli
- 2 szklanki ugotowanego spaghetti

W pojemniku blendera połącz wszystkie składniki oprócz spaghetti.
Miksuj do uzyskania gładkości. Dodaj spaghetti

Wlej mieszankę na rozgrzaną patelnię zapobiegającą przywieraniu lub patelnię do pieczenia spryskaną Pam. Smaż na średnim ogniu, aż zbrązowieją z obu stron, ostrożnie obracając.

SOS: Połącz jedną 8 uncji sosu pomidorowego z puszki, $\frac{1}{4}$ łyżeczki suszonego oregano, $\frac{1}{8}$ łyżeczki sproszkowanego czosnku, $\frac{1}{4}$ łyżeczki suszonej bazylii w małej rondlu. Podgrzej, aż będzie gorący i musujący

Podawaj z plackami.

62. Placki z homarem

Wydajność: 1 Porcja

Składnik

- 1 szklanka posiekanego homara
- 2 jajka
- ½ szklanki mleka
- 1¼ szklanki mąki
- 2 łyżeczki proszku do pieczenia
- Sól i pieprz do smaku

Podgrzej głęboki tłuszcz, aż kostka chleba zrumieni się w sześćdziesiąt sekund.
Gdy tłuszcz się nagrzewa, ubijaj jajka na jasno. Dodaj mleko i mąkę

przesiać z proszkiem do pieczenia, solą i pieprzem, a następnie dodać posiekanego homara.

Wrzucić małymi łyżkami do tłuszczu, smażyć na złoty kolor. Odsącz na brązowym papierze w ciepłym piekarniku. Podawać z szybkim sosem cytrynowym.

63. Placki z małży z salsą

Wydajność: 4 Porcje

Składnik

- 8 małży zielonoskorupowych; z powłoki
- 6 dużych jajek; lekko pobity
- 50 mililitrów Podwójna śmietana
- 10 mililitrów pasty rybnej
- 2 łyżki Polenta
- 50 gramów cebuli dymki; pokrojony
- 400 gramów Kumery; gotowane, a następnie obrane

- 1 mała czerwona cebula; obrane i pokrojone w plastry

- 20 mililitrów Świeży sok z limonki

- 2 Nashi; usunięty rdzeń i

- 30 mililitrów oliwy z oliwek z pierwszego tłoczenia

Pokrój małże na ćwiartki, a następnie wymieszaj je w misce z jajkami, śmietaną, nam pla, polentą i połową dymki. Na koniec wymieszaj w kumerze.

Wymieszaj wszystkie pozostałe składniki, aby zrobić salsę, w tym pozostałą dymkę i odstaw na 30 minut.

Podgrzej patelnię i posmaruj olejem, a następnie zrób 4 duże lub 8 małych placków. Smaż na złoty kolor z jednej strony, a następnie odwróć i smaż z drugiej strony.

64. Placki z ośmiornicy

Wydajność: 8 Porcji

Składniki:

- 2 ośmiornice po ok. 1 1/2 funta każda
- 1 łyżeczka soli
- 2 litry wody
- 2 litry wody lodowej z lodem
- 2 średnie Cebule, obrane i posiekane
- 2 jajka, ubite
- 1 szklanka mąki lub więcej w razie potrzeby

- Sól i pieprz do smaku

- olej do smażenia

Wrzuć ośmiornicę do dużego czajnika z szybko wrzącą osoloną wodą. Gotuj na średnim ogniu przez około 25 minut. Odcedź i zanurz do miski wypełnionej lodem i lodowatą wodą. Grubym pędzlem zeskrobać fioletową skórę. Odetnij nogi i drobno posiekaj.

Odrzuć głowy. W misce wymieszaj cebulę, jajka, mąkę oraz sól i pieprz. Dodaj posiekaną ośmiornicę i dobrze wymieszaj. Uformuj mieszankę w $2\frac{1}{2}$ - 3 calowe placki. Rozgrzej około $\frac{1}{2}$ cala oleju na dużej, ciężkiej patelni i usmaż placki z ośmiornicą, aż będą dobrze zrumienione z każdej strony. Natychmiast podawaj.

65. Placki z krewetkami

Wydajność: 8 Porcji

Składnik

- ½ szklanki mleka
- ½ szklanki mąki samorosnącej
- 1 szklanka surowych krewetek; posiekany
- 1 szklanka ugotowanego ryżu
- 1 jajko
- ½ szklanki zielonej cebuli; posiekany
- Sól i pieprz do smaku

Wymieszaj wszystkie składniki razem. Wrzuć łyżeczką do gorącego oleju i podsmaż na złotobrązowy kolor. Zrób małe i podawaj jako przystawkę.

66. Placki kukurydziane z ostrygami

Wydajność: 1 Porcja

Składnik

- 2 szklanki pulpy kukurydzianej
- 2 jajka, oddzielone
- ¼ łyżeczki pieprzu
- 2 łyżki mąki
- ½ łyżeczki soli

Można użyć kukurydzy w puszkach lub świeżej. Do pulpy kukurydzianej dodać ubite żółtka, mąkę i przyprawy. Dodać ubite na sztywno białka jajek i zmiksować.

Wrzuć łyżki wielkości ostrygi na rozgrzaną, wysmarowaną masłem patelnię i zrumień. Źródło: Pennsylvania Dutch Cook Book - Fine Old Recipes, Culinary Arts Press, 1936.

67. Placki z tuńczyka

Wydajność: 3 Porcje

Składnik

- 1 szklanka mąki
- 1 łyżeczka proszku do pieczenia
- ½ łyżeczki soli
- 2 jajka
- ¼ szklanki mleka
- 1 puszka tuńczyka, odsączonego i płatkowanego

- 6 1/2 lub 7 uncji rozmiar

- Suszone płatki cebuli

- olej do smażenia

Do miski przesiać mąkę, proszek do pieczenia i sól. Dobrze ubij jajka. Ubij w mleku. Połącz składniki płynne z suchymi.

Mieszaj, aż cała mąka zostanie zwilżona. Dodaj tuńczyka. Wrzuć łyżeczką do gorącego oleju, 375 stopni. Smażyć na złoty kolor ze wszystkich stron. Odcedź na ręcznikach papierowych.

PŁYTKI SEROWE

68. Bazyleowe placki serowe

Wydajność: 1 Porcja

Składnik

- 4 kromki chleba
- 1 uncja masła
- 3 Cebule
- 4 Plastry Gruyere
- Papryka

Chleb lekko podsmażyć z obu stron na maśle i ułożyć na blasze do pieczenia. Drobno posiekaną cebulę zalać wrzątkiem i odstawić na chwilę. Odlać wodę i podsmażyć cebulę na resztkach masła do miękkości.

Cienką cebulę rozsmarować na chlebie i przykryć plasterkiem sera.

Posyp papryką i piecz w bardzo gorącym piekarniku (445 stopni F/gaz 8), aż ser się rozpuści. Podawaj od razu.

69. Placki ziołowe z jogurtowym dipem morelowym

Wydajność: 6 Porcji

Składnik

- 3 jajka; lekko pobity
- 150 gramów Mozzarelli; tarty
- 85 gramów świeżo startego parmezanu
- 125 gramów świeżej bułki tartej
- $\frac{1}{2}$ czerwonej cebuli; drobno posiekane
- $\frac{1}{4}$ łyżeczki czerwone płatki chili
- 2 łyżki świeżego majeranku

- 2 łyżki grubo posiekanego szczypiorku
- 5 łyżek posiekanej natki pietruszki
- 1 garść liści rukoli; z grubsza posiekany
- 1 garść młodych liści szpinaku; posiekany
- Sól, pieprz i olej słonecznikowy
- 500 gram jogurtu greckiego
- 12 Suszone morele gotowe do spożycia; drobno pokrojone w kostkę
- 2 ząbki czosnku i posiekana świeża mięta

Wymieszaj składniki na cieście, z wyjątkiem oleju i masła, do uzyskania gęstej i dość solidnej konsystencji. Zwiąż z bułką tartą, jeśli jest wilgotna.

Wymieszaj składniki sosu tuż przed użyciem. Wlej 1cm/ $\frac{1}{2}$" oleju na patelnię, dodaj masło i podgrzej do uzyskania mętnej konsystencji.

Uformuj owalne placki, mocno dociskając ręką, aby je ubić. Smażyć na oleju przez 2-3 minuty, aż będzie chrupiąca.

70. Placki z serem berneńskim

Wydajność: 1 Porcja

Składnik

- 8 uncji tartego sera Gruyere
- 2 jajka
- 2,5 uncji płynu Mleko
- 1 łyżeczka Kirsch
- Tłuszcz do smażenia
- 6 kromek chleba

Wymieszać starty ser z żółtkami, mlekiem i kirschem. Złożyć ubite białka i rozsmarować mieszankę na chlebie.

Rozgrzać tłuszcz na dużej patelni i włożyć chleb serem do dołu do gorącego tłuszczu

Gdy plastry zbrązowieją, odwrócić i krótko podsmażyć z drugiej strony.

71. Placki z fasoli, kukurydzy i cheddaru

Wydajność: 5 Porcji

Składnik

- ½ szklanki żółtej mąki kukurydzianej
- ½ szklanki niebielonej białej mąki
- ½ łyżeczki proszku do pieczenia
- Dash Mielony kminek, cayenne, sól i chili w proszku
- ½ szklanki mleka
- 1 żółtko i 2 białka
- 1 szklanka czarnej fasoli; gotowany

- 1 szklanka ostrego sera Cheddar
- ½ szklanki świeżej kukurydzy; lub mrożone ziarna kukurydzy
- 2 łyżki kolendry; mielone świeże
- Czerwona papryka & Zielone papryczki chili, Pieczone

W średniej wielkości misce wymieszaj mąkę kukurydzianą, mąkę, proszek do pieczenia, sól, chili w proszku, kminek i cayenne.

Mleko ubić z żółtkiem i dobrze wymieszać z suchymi składnikami. Dodać fasolę, ser, kukurydzę, kolendrę, czerwoną paprykę i zielone chilli. Delikatnie dodać białka.

Rozgrzej ½ szklanki oleju na 10-calowej patelni na średnim ogniu. Nałóż łyżkę na około ¼ szklanki ciasta na każde ciasto i smaż na złoty kolor.

72. Placki z mozzarellą i spaghetti

Wydajność: 2 Porcje

Składnik

- 2 ząbki czosnku

- 1 mały pęczek świeżej pietruszki i 3 cebule sałatkowe

- 225 gramów chudej mielonej wieprzowiny

- Świeżo starty parmezan i wędzona mozzarella

- 150 gramów spaghetti lub tagliatelle

- 100 mililitrów gorącego bulionu wołowego

- 400 gram posiekanych pomidorów

- 1 szczypta cukru i 1 kropla sosu sojowego

- Sól i pieprz
- 1 jajko i 1 łyżka oliwy z oliwek
- 75 mililitrów mleka
- 50 gramów Zwykła mąka; plus dodatkowo do odkurzania

Wymieszaj czosnek, cebulę sałatkową, czosnek, parmezan, pietruszkę i dużo soli i pieprzu. Uformować osiem zwartych kulek. Rozgrzej olej na dużej patelni i usmaż klopsiki. Wlej bulion.

Ugotuj posiekane pomidory, cukier, sól i pieprz i dodaj do klopsików

W żółtku ubij olej, mleko, mąkę i odrobinę soli, aby uzyskać gęste, gładkie ciasto. Mozzarellę pokroić w cienkie plasterki, a następnie posypać mąką. Dodać żółtka i dodać ubite białka.

Zanurz posypane mąką plastry mozzarelli w cieście i smaż przez dwie minuty z każdej strony, aż będą chrupiące i złociste.

73. Placki z serem emmentalskim

Wydajność: 1 osoba

Składnik

- 1 duża kromka chleba
- 1 plasterek szynki
- 1 łyżka masła
- 1 plasterek sera Ementhal
- Sól pieprz
- 1 jajko

Lekko podpiecz chleb. Szynkę krótko podsmażyć, ułożyć na chlebie, przykryć serem i doprawić. Wstawić do dość

rozgrzanego piekarnika i pozwolić serowi się roztopić lub na przykrytej patelni na blasze.
W ostatniej chwili na wierzch sera z jajkiem sadzonym.

74. Placki z mąki kukurydzianej z cheddarem

Wydajność: 1 Porcja

Składnik

- 1 szklanka mąki kukurydzianej
- 1 szklanka Tartego ostrego sera Cheddar
- ½ szklanki startej cebuli
- ¼ szklanki mielonej czerwonej papryki
- 1 łyżeczka soli
- Cayenne, do smaku
- ¾ szklanka Wrząca woda

- Olej roślinny do smażenia

- Ostry sos w stylu Luizjany, na przykład marki Crystal

W misce wymieszać mąkę kukurydzianą, ser cheddar, cebulę, paprykę, sól i cayenne.

Wymieszać we wrzącej wodzie i dokładnie wymieszać. W głębokiej, ciężkiej patelni lub frytownicy rozgrzej 3 cale oleju roślinnego do 350 F. Wrzuć 6 łyżek ciasta do oleju i smaż przez 2-3 minuty lub na złoty kolor.

75. Placki Camembert

Wydajność: 10 Porcji

Składnik

- 3 łyżki masła/margeryny
- 3 łyżki mąki uniwersalnej
- 1 szklanka mleka
- 4 uncje sera Camembert
- Sól dla smaku
- Pieprz Cayenne do smaku
- 1 duże jajko

- 1 łyżka masła/margaryny
- ½ szklanki drobnej bułki tartej

Rozpuść masło w ciężkim rondlu nad med. ciepło. Szybko zmieszaj z mąką. Stopniowo dodawać mleko, dokładnie mieszając. Doprowadzić do wrzenia, dodać ser do sosu i mieszać, aż się rozpuści. Dodaj sól i pieprz cayenne do smaku.

Rozłóż mieszaninę o grubości ¾ cala na blasze do pieczenia. Pokrój masę serową na kwadraty.

Jajka ubić z wodą. Kawałki sera obtoczyć w bułce tartej, a następnie zanurzyć w masie jajecznej. Ponownie obtocz je w okruchach i strząśnij nadmiar okruchów.

Wrzucaj po kilka kawałków sera do oleju. Smażyć tylko do momentu, gdy się zarumienią.

76. Placki kalafiorowo-cheddarowe

Wydajność: 24 Porcje

Składnik

- 1½ szklanki mąki uniwersalnej
- 2 łyżeczki proszku do pieczenia
- ½ łyżeczki soli
- 2 szklanki pokrojonego w kostkę kalafiora
- 1 szklanka rozdrobnionego sera Cheddar
- 1 łyżka pokrojonej w kostkę cebuli
- 1 duże jajko
- 1 szklanka mleka

- Olej roślinny

Połącz pierwsze 3 składniki w dużej misce; wymieszać kalafior, ser i cebulę.

Wymieszaj jajko i mleko. Dodaj do mieszanki mąki, ubijając tylko do zwilżenia.

Wlej olej roślinny na głębokość 2 cali do holenderskiego piekarnika; podgrzej do 375 stopni F. Wrzuć ciasto zaokrąglonymi łyżkami stołowymi do oleju i smaż 1 minutę z każdej strony lub do momentu, gdy placki zarumienią się na złoty kolor. Dobrze odcedź na ręcznikach papierowych i podawaj od razu.

77. Placki ziemniaczane nadziewane serem

Wydajność: 5 Porcji

Składnik

- 2 funty Pieczone ziemniaki, gotowane
- ⅓ filiżanka masła, zmiękczonego
- 5 żółtka
- 2 łyżki natki pietruszki
- 1 łyżeczka soli
- ½ łyżeczki pieprzu
- Szczypta gałki muszkatołowej
- 4 uncje sera mozzarella
- Mąka uniwersalna
- 2 duże jajka, lekko ubite
- 1½ szklanki włoskiej bułki tartej

Połącz ziemniaki i masło w dużej misce; ubijaj na średnich obrotach mikserem elektrycznym do uzyskania gładkości. Dodaj żółtka i kolejne 4 składniki, dobrze mieszając. Podziel mieszankę ziemniaczaną na 10 porcji. Owiń każdą porcję wokół plasterka sera; formowanie w owal.

Posyp lekko mąką; Zanurz w ubitym jajku i obtocz w bułce tartej. Wstaw do lodówki 20 minut.

Wlej olej na głębokość 4 cali w holenderskim piekarniku Rozgrzej do 340 stopni. Smaż placki po kilka na raz, 8 minut, obracając raz.

78. Placki z gruszką i cheddarem

Wydajność: 1 Porcja

Składnik

- 4 średnie gruszki Bartlett; obrane
- 16 plasterków Ostry ser cheddar
- ½ szklanki mąki uniwersalnej
- 2 duże jajka; pobity do zmiksowania
- 2 szklanki świeżej białej bułki tartej

Pokrój 3 cienkie pionowe plastry z przeciwnych stron każdej gruszki; wyrzucić rdzenie.

Naprzemiennie plastry gruszki i sera, umieść 2 plastry sera między 3 plastrami gruszki na każde z 8 placków. Trzymając mocno każdą kanapkę serowo-gruszkową, obtocz lekko mąką, następnie jajkami, następnie bułką tartą, całkowicie obtocz i dociśnij okruchy, aby przylegały.

Wlej olej do ciężkiej dużej patelni na głębokość 1 cala i podgrzej do 350F. Placki smażyć partiami na złoty kolor, obracając łyżką cedzakową, około 2 minuty z każdej strony. Odcedź na ręcznikach papierowych. 79. Placki z ricotty i kasztanów z bagna cauda

Wydajność: 4 Porcje

Składnik

- 1 szklanka świeżej ricotty
- 3 duże jajka
- ½ szklanki sera Parmigiano-Reggiano
- ¼ szklanki mąki kasztanowej
- 1 szklanka drobno posiekanych pieczonych kasztanów
- 1 puszka filetów z anchois
- 6 ząbków czosnku; drobno posiekane
- ½ szklanki oliwy z oliwek z pierwszego tłoczenia
- 6 łyżek masła niesolonego
- 1 kwarta czystej oliwy z oliwek

W dużej misce umieść ser ricotta, 2 jajka i ½ szklanki Parmigiano-Reggiano i dobrze wymieszaj. Wymieszaj rękami mąkę kasztanową, aż powstanie gładkie ciasto przypominające ciasteczko

W małej misce ubij pozostałe jajko. Weź niewielką ilość mieszanki ricotta i zrób 2-calową kulkę. Ostrożnie przykryj kulkę ubitym jajkiem i gdy jest jeszcze mokra, pokryj posiekanymi kasztanami

W międzyczasie połącz anchois z ich sokami, czosnkiem i $\frac{1}{2}$ szklanki oliwy z oliwek w małym rondelku i mieszaj na średnim ogniu. Zetrzyj anchois na pastę. Dodawaj masło po 1 łyżce stołowej na raz, aż się rozpuści i będzie gładkie

Smażyć kulki ricotta na gorącym oleju na złoty kolor

80. Placki serowe Waadtland

Wydajność: 1 Porcja

Składnik

- 4 kromki tostów, każda o grubości 1 3/8 cala
- 2,5 uncji płynu Białe wino
- 5½ uncji sera Gruyere, startego
- 1 jajko
- Papryka
- Pieprz

Tosty zwilżyć odrobiną wina i ułożyć na blasze do pieczenia. Resztę wina wymieszać z serem, jajkiem i przyprawami na dość gęstą pastę i posmarować grzanką. Posyp papryką i pieprzem.

Piecz krótko w bardzo gorącym piekarniku (445 stopni F/gaz 8), aż ser zacznie się topić, podawaj od razu.

MIĘSO I PŁATKI Z DROBIU

81. Placki z kurczaka

Wydajność: 6 Porcji

Składnik

- 20 minut czasu przygotowania
- 2 szklanki kurczaka; drobno posiekane gotowane
- 1 łyżeczka soli
- 2 łyżeczki mielonej świeżej pietruszki
- 1 łyżka soku z cytryny

- 1 szklanka suchej musztardy
- 1 szklanka octu z białego wina
- 2 jajko; ubite minuty czas gotowania
- 1¼ szklanki mąki
- 2 łyżeczki proszku do pieczenia
- ⅔ filiżanka mleka
- ¾ filiżanka miodu
- ¼ łyżeczki soli

W dużej misce wymieszać kurczaka z solą, pietruszką i sokiem z cytryny. Odstawić na 15 minut. W innej dużej misce wymieszaj mąkę, proszek do pieczenia, jajko i mleko. Dobrze wymieszaj.

Dodaj mieszankę mąki do kurczaka i dobrze wymieszaj.

Wrzuć ciasto łyżkami na rozgrzany olej i smaż partiami bez stłoczenia przez 2 minuty na złoty kolor. Odsącz na ręcznikach papierowych i podawaj z musztardą miodową do maczania.

Przygotuj wskazówki dotyczące musztardy miodowej

82. Chunky wołowe placki

Wydajność: 5 Porcji

Składnik

- 2 funty gotowanej, nieprzyprawionej pieczeni wołowej
- 6 łyżek mleka
- 1 łyżka Niebielonej Mąki Uniwersalnej
- 3 duże jajka, pobite
- 1½ szklanki mąki samorosnącej
- 4 łyżeczki soli
- ¼ łyżeczki pieprzu

Połącz mleko i mąkę; wymieszać z jajkami. Połącz samorosnącą mąkę, sól i pieprz.

Zanurz kawałki rostbefu w mieszance jajecznej i obtocz w mące.

Smaż na gorącym głębokim tłuszczu, aż się zrumienią i podgrzej. Odcedź na chłonnych ręcznikach papierowych i podawaj na gorąco.

83. Placki jajeczne z fasolką szparagową i makaronem

Wydajność: 6 Porcji

Składnik

- 1 funt fasoli szparagowej, gotowanej
- ½ funta makaronu lub ziti
- ¾ filiżanka bułka tarta, niesmakowana
- ½ łyżeczki czosnku, drobno posiekanego

- Posiekana pietruszka
- Sos marinara
- 6 łyżek parmezanu, startego
- 6 jajek, ubitych
- Sól pieprz
- olej do smażenia

Do jajek dodać bułkę tartą, ser, pietruszkę, sól, pieprz i czosnek. Dokładnie wymieszaj, aby uzyskać ciasto. Rozgrzej olej na średnio wysoki, gdy jest gorący, kropla ciasta powinna stwardnieć i wypłynąć na powierzchnię. Wkładać do ciasta po łyżeczce na raz. Nie tłoczcie się.

Gdy placki napuszą się, obróć je, aż utworzą złotą skórkę.

Połącz fasolkę szparagową, makaron i sos marinara w dużej misce.

84. Świeże placki kukurydziane i kiełbaski

Wydajność: 24 Porcje

Składnik

- 1 szklanka mąki uniwersalnej, przesianej
- 1 łyżeczka proszku do pieczenia
- 1 łyżeczka soli
- 1/8 łyżeczka pieprzu
- 1/4 łyżeczki papryki
- 1 szklanka kiełbasy, ugotowanej i pokruszonej
- 1 szklanka świeżej kukurydzy z kolby
- 2 żółtka, ubite

- 2 łyżki Mleka

- 2 białka jaj, ubite na twardo

- Olej do smażenia

W misce przesiej mąkę, proszek do pieczenia i przyprawy. Dodaj kiełbasę, kukurydzę, żółtka i mleko; mieszaj, aż się połączą. Dodać ubite na sztywno białka jajek.

Wrzuć czubatą łyżeczkę do oleju rozgrzanego do 360 - 365 stopni.

Gotuj od 3 do 5 minut, brązowiejąc ze wszystkich stron. Odcedź na ręcznikach papierowych.

85. Placki kukurydziane z hot dogami

Wydajność: 6 wnuków

Składnik

- 6 jajek; rozdzielony
- 12 uncji kukurydzy z pimiento
- 6 hot-dogów
- ½ szklanki mąki uniwersalnej
- ½ łyżeczki soli
- 1 łyżka sherry do gotowania

Ubijaj żółtka, aż będą lekkie i puszyste; dodaj kukurydzę, pokrojone w kostkę parówki, mąkę, sól i sherry. Bardzo dobrze wymieszaj. Ubijaj białka, aż staną na sztywno. Złóż białka jajek do mieszanki do hot dogów, uważając, aby nie stracić powietrza.

Smaż na gorącej, lekko wysmarowanej patelni, jak naleśniki, używając około ¼ szklanki mieszanki na ciasto. Podawaj od razu, gorące.

86. Koreańskie placki mięsne

Wydajność 4 Porcja

Składnik

- 2 funty stek z polędwicy wołowej
- 3 gałązki zielonej cebuli, posiekanej
- 2 łyżki oleju sezamowego
- 2 łyżeczki sezamu
- ½ szklanki sosu sojowego
- 1 Ząbek czosnku, mielony
- 1 Odrobina czarnego pieprzu

- 5 jajek

Połącz wszystkie pozostałe składniki oprócz jajek i namocz mięso w sosie przez godzinę.

Mięso posmarować i maczać w lekko ubitym jajku i smażyć na średnim ogniu do zarumienienia. Podawać na gorąco z sosem.

Sos: 2 łyżki. sos sojowy 1 łyżeczka. posiekana zielona cebula 1 łyżeczka. nasiona sezamu 1 łyżeczka. ocet 1 łyżeczka. cukier Wymieszaj wszystkie składniki razem.

87. Placki z parmezanem i mozzarellą

Wydajność: 4 Porcje

Składnik

- 1 Ząbek czosnku; posiekany
- 2 Dojrzała mozzarella; tarty
- 1 małe jajko; bity
- Kilka listków świeżej bazylii
- 70 gramów parmezanu; tarty
- 2 łyżki mąki pszennej
- Sól i pieprz

Wymieszać mozzarellę, czosnek, bazylię, parmezan i przyprawy i związać z ubitym jajkiem. Dodaj trochę mąki, uformuj i odstaw do lodówki na około 30 minut.

Przed smażeniem lekko obtocz mąką

Mieszanka powinna być dość miękka, ponieważ twardnieje po odstawieniu do lodówki przez wymagany czas. Olej na patelni nie powinien być zbyt gorący, w przeciwnym razie placki spalą się na zewnątrz i będą zimne w środku.

PŁYTKI DESEROWE

88. Placki z orzechami pekan w czekoladzie

Wydajność: 4 tuziny

Składnik

- 2 opakowania karmelków waniliowych; 6 oz. ej.
- 2 łyżki mleka, odparowanego
- 2 szklanki połówek orzecha pekan
- 8 uncji Czekolada mleczna. bar; podzielony na kwadraty
- ⅓ Kostka parafinowa; połamany na kawałki

Połącz karmelki i mleko na górze podwójnego bojlera; podgrzewać, aż karmelki się rozpuszczą, ciągle mieszając. Ubijaj drewnianą łyżką do uzyskania kremowej konsystencji; wymieszać z orzechami pekan. Upuść łyżeczkami na posmarowany masłem papier woskowany; odstawić na 15 minut.

Połącz czekoladę i parafinę na górze podwójnego kotła; podgrzewać, aż się rozpuści i będzie gładka, od czasu do czasu mieszając.

Za pomocą wykałaczki zanurz każdy placek w mieszance czekoladowej

Połóż na woskowanym papierze do ostygnięcia.

89. Placki parzone

Wydajność: 1 Porcja

Składnik

- ½ szklanki masła lub margaryny
- 1 szklanka wrzącej wody
- ¼ łyżeczki soli
- 1¾ szklanki mąki
- 4 jajka
- 4 szklanki oleju roślinnego; (12 uncji)
- Cukier granulowany

Połącz masło, wrzącą wodę, sól i mąkę w rondlu na średnim ogniu. Mieszankę ubić energicznie, aż opuści boki patelni i uformuje kulkę. Zdejmij z ognia i lekko ostudź. Przełóż łyżkę do miksera lub robota kuchennego ze stalowym ostrzem i dodawaj jajka pojedynczo, dobrze ubijając po każdym dodaniu. Gdy wszystkie jajka zostaną dodane i masa będzie gęsta, powinna zachować swój kształt przy podnoszeniu łyżką.

Zanurz łyżkę stołową najpierw w gorącym oleju, a następnie w cieście.

Ostrożnie wrzuć łyżki ciasta na rozgrzany olej i smaż do zbrązowienia ze wszystkich stron. Usuń z oleju łyżką cedzakową i odsącz na ręcznikach papierowych.

90. Placki z budyniem świątecznym

Wydajność: 1 Porcja

Składnik

- 25 gram mąki samorosnącej
- 125 ml piwa
- 125 mililitrów mleka
- 125 mililitrów zimnej wody
- 1 Resztki świątecznego puddingu
- 1 Zwykła mąka

- 1 Deep fryer with oil

Połącz pierwsze cztery składniki, aby zrobić ciasto. Odstawić na 20 minut.

Rozgrzej frytkownicę do 180C.

Budyń pokroić w kostkę lub palce, obtoczyć w mące, a następnie zanurzyć w cieście. smażyć na głębokim tłuszczu na złoty kolor.

Odcedź na ręczniku kuchennym i podawaj.

91. Placki cynamonowe

Wydajność: 1 Porcja

Składnik

- 1 szklanka gorącej wody
- ⅓ Skrócenie filiżanki
- 2 szklanki mąki
- ½ szklanki) cukru
- 1 łyżka cynamonu
- Sól

- 2 łyżeczki proszku do pieczenia
- Olej do frytowania
- ¼ cynamonu
- ½ szklanki cukru rycynowego

Rozpuść tłuszcz w gorącej wodzie. Dodaj mąkę, cukier, cynamon, sól i proszek do pieczenia. Dobrze wymieszaj. Zwiń w kulkę i schładzaj ciasto przez co najmniej 1 godzinę. Rozgrzej 1" olej roślinny do 375 we frytkownicy lub na patelni. Odłam małe grudki ciasta i zwiń w kulki.

Smażyć w głębokim tłuszczu przez 3-4 minuty, aż się zarumieni

Wyjmij gorący olej łyżką cedzakową. Odcedź na ręcznikach papierowych i schłódź przez kilka minut na stojaku. Wymieszaj cynamon i cukier razem w misce. Ciepłe placki cynamonowe obtocz w mieszance cukru, aby całkowicie je pokryć. Podawaj na ciepło.

92. Francuskie placki

Wydajność: 1 Porcja

Składnik

- 2 jajka; rozdzielony
- ⅔ filiżanka mleka
- 1 szklanka mąki; przesiany
- ½ łyżeczki soli
- 1 łyżka masła; stopiony
- 2 łyżki soku z cytryny
- 1 cytryna; skórka starta
- 2 łyżki cukru

- 4 Jabłka lub pomarańcze, ananas

- Figi lub gruszki

Posyp wybrane plasterki owoców skórką cytryny i cukrem i odstaw na 2 do 3 godzin. Odcedź i zanurz w cienkim cieście Fritter.

Ciasto: Ubić mikserem, żółtkami, mlekiem, mąką, solą, masłem i sokiem z cytryny. Dodać ubite na sztywno białka jajek.

Smażyć w głębokim tłuszczu 375

Odcedź i podawaj na gorąco z 10x cukrem lub słodkim syropem lub sosem.

93. Placki klonowe

Wydajność: 24 placki

Składnik

- 3 każde jajka
- 1 łyżka śmietany
- ½ łyżeczki soli
- 2 szklanki mleka
- 2 łyżeczki proszku do pieczenia
- 4 szklanki mąki

Połącz proszek do pieczenia i sól z mąką i dodaj mleko. Ubij jajka i śmietanę razem i wymieszaj z mąką. Wrzuć łyżkami do gorącego tłuszczu, rozgrzanego do 370*F i smaż do upieczenia, około 5 minut. Podawać z ciepłym syropem klonowym.

94. Placki z wiśniami rumowymi

Wydajność: 6 Porcji

Składnik

- ½ szklanki mąki uniwersalnej
- 2 łyżki cukru pudru
- ¼ łyżeczki soli
- 1 funt Wiśnie z szypułkami
- Cukier cukierników
- 2 jajka; rozdzielony
- 2 łyżki rumu

- ½ szklanki masła klarowanego
- ½ szklanki oleju roślinnego

W średniej misce wymieszaj mąkę, żółtka, 2 łyżki cukru pudru, rum i sól na gładkie ciasto.
Przykryj i odstaw na 1 do 2 godzin.

Białka ubić na sztywną pianę i włożyć do ciasta.

Rozgrzej masło i olej roślinny na dużej patelni do 360 stopni F., a następnie zmniejsz ogień.

Zanurz wiśnie w cieście i włóż je do gorącego oleju

Smaż przez 3 minuty lub do zrumienienia

Usuń wiśnie. Zanurz je w cukrze cukierniczym i podawaj.

95. Suvganiot

Wydajność: 20 lub 25

Składnik

- 1 szklanka ciepłej wody
- 1 opakowanie Suche drożdże
- 1 łyżka cukru
- 4 szklanki mąki uniwersalnej
- 1 szklanka ciepłego mleka
- 1 łyżka masła niesolonego (roztopionego)
- 1 łyżka oleju

- 1 jajko
- 2 łyżeczki soli
- 3 łyżki cukru
- Dżem według własnego gustu
- Cukier i cynamon do posypania

Wymieszaj składniki drożdży i odstaw na 10 minut.

Mieszankę drożdżową wymieszać ze wszystkimi składnikami oprócz mąki. Powoli mieszaj mąkę i dobrze działaj. Odstaw na 3 godziny. Smażyć na gorącym i głębokim oleju, odmierzając ciasto dużą łyżką.

Odwróć raz, aby równomiernie się zrumienić. Odcedź na ręcznikach papierowych. Po ostygnięciu napełnij dżemem i posyp cukrem i cynamonem.

96. Placki z winem

Wydajność: 4 Porcje

Składnik

- 4 rolki typu stick
- 200 gramów mąki (1 3/4 szklanki)
- 2 jajka
- ¼ litra mleka
- 1 szczypta soli
- Tłuszcz do smażenia
- ½ litra wina LUB cydru
- Cukier do smaku

Połącz mąkę, jajka, mleko i sól w ciasto. Pokrój bułki na 4 plastry. Zanurz plastry w cieście, a następnie smaż na złoty kolor.

Ułóż placki w misce i polej je gorącym, słodzonym winem lub cydrem. Daj im czas na wchłonięcie wina przed podaniem.

JADALNE PŁATKI Z KWIATAMI

97. Placki z czarnego bzu podawane z musem z czarnego bzu

Wydajność: 4 Porcje

Składnik

- Olej słonecznikowy do głębokiego smażenia
- 8 główek czarnego bzu; w zależności od rozmiaru
- 180 gramów Zwykła mąka
- 1 łyżka cukru pudru
- Szczypta soli
- drobno starta skórka z 1 cytryny
- 2 jajka
- 60 mililitrów mleka

- 60 mililitrów wytrawnego białego wina

- 1 Ćwiartki cytryny i cukru pudru

Mąkę przesiej do miski z cukrem i solą. Dodaj skórkę z cytryny i jajka, dodaj około połowy mleka i połowy wina. Rozpocznij ubijanie płynów z mąką, stopniowo dodając resztę mleka i wina, aby uzyskać gładkie ciasto.

Jeden po drugim bierz kwiaty za łodygi i maczaj je w cieście. Wyjmij i pozwól, aby nadmiar ciasta spłynął, a następnie wsuń do oleju.

Po dwóch minutach spód powinien być jasnozłotobrązowy. Obracaj placki i chrupiące przez kolejną minutę. Odsączyć na papierze kuchennym przed podaniem.

98. Placki z kwiatów mniszka lekarskiego

Wydajność: 10 Porcji

Składnik

- 1 szklanka mąki pełnoziarnistej
- 2 łyżki oliwy z oliwek
- 2 łyżeczki proszku do pieczenia
- 1 szklanka kwiatów mniszka lekarskiego
- 1 szczypta soli
- 1 jajko
- Nieprzywierający spray z oleju roślinnego
- ½ szklanki mleka o niskiej zawartości tłuszczu

Ta odmiana naleśników wykorzystuje żółte kłębki mniszka lekarskiego, dobrego źródła witaminy A.

W misce wymieszaj mąkę, proszek do pieczenia i sól. W osobnej misce ubij jajko, a następnie wymieszaj z mlekiem lub wodą i oliwą z oliwek.

Połącz z suchą mieszanką. Ostrożnie wymieszaj żółte kwiaty, uważając, aby ich nie zmiażdżyć.

Lekko spryskaj patelnię lub patelnię olejem roślinnym.

Podgrzej do całkowitego rozgrzania. Wlać łyżką ciasto na patelnię i gotować jak naleśniki.

99. Placki z czarnego bzu

Wydajność: 1 Porcja

Składnik

- 8 główek czarnego bzu

- 110 gramów Zwykłej mąki

- 2 łyżki oleju słonecznikowego

- 150 mililitrów piwa lager lub wody

- 1 białko jajka

- olej do smażenia
- Cukier puder; przesiany
- cząstki cytryny

Mąkę i sól przesiej razem i wymieszaj na cieście z olejem i piwem. Odstawić w chłodne miejsce na 1 godzinę. Białko ubić na sztywno. Złóż jajko tuż przed użyciem ciasta.

Rozgrzej trochę oleju na głębokiej patelni lub frytownicy. Zanurz główki kwiatów w cieście, a następnie wrzuć do dymiącego gorącego oleju i smaż na złoty kolor.

Odcedź placki na papierze kuchennym. Ułóż na talerzu, posyp przesianym cukrem pudrem i podawaj z ćwiartkami cytryny.

100. Placki z płatków róży

Wydajność: 4 Porcje

Składnik

- 1 każdy pęczek płatków róż
- cukier cukierników
- słodki sos

Wrzuć płatki i delikatnie wymieszaj.

Wrzuć do gorącego oleju i smaż na złoty kolor.

Smażenie: Zanurz kawałki jedzenia w cieście. Smażyć na 3-4 centymetrach tłuszczu w temperaturze 375 stopni na złoty kolor.

Odsączyć na ręczniku papierowym.

Placki owocowe posyp cukrem cukierniczym lub posyp słodkim sosem.

WNIOSEK

Słodki lub pikantny, skromny placek jest cudownie wszechstronny. Chrupiące i ciepłe z patelni to nasz ulubiony i najlepszy sposób na delektowanie się daniem na bazie ciasta, szczególnie jako część leniwego weekendowego śniadania.

Przy odrobinie staranności łatwo zrobić domowe placki, które są bogatym i dekadenckim przysmakiem, nadającym się na śniadanie, kolację, deser lub po prostu jako przekąskę. W tej książce znajdziesz wiele różnych przepisów na placki, które z pewnością zadowolą każdego.

Zanim zaczniesz robić placki, znajdź odpowiednie ciasto, które będzie pasować do Twojej kuchni i kubków smakowych. Wypróbuj ten podstawowy przepis na ciasto, który wykorzystuje lekki olej kokosowy, aby uzyskać orzeźwiający smak. Mieszaj różne nadzienia, od słodkich i owocowych po mięsne i słone.

www.ingramcontent.com/pod-product-compliance
Lightning Source LLC
Chambersburg PA
CBHW050354120526
44590CB00015B/1694